남북한 사이의 사법적 법률관계

임성권 저

법 영 사

머리말

1981년 여름에 이호정 선생님을 찾아뵙고 말씀을 듣고 싶다고 편지를 드렸다. 그 얼마 후 선생님과의 만남에서 국제사법을 공부하고 싶다고 말씀을 드렸더니 왜 아무도 하지 않는 국제사법을 공부하려고 하느냐고 되물으셨다. 그 때 다음과 같이 말씀드렸던 기억이 난다. 우리나라가 현재는 외국으로 오가는 사람도 적고 물적인 교류도 적지만 장래에는 다른 나라와 인적 · 물적 교류가 많이 있게 될 것이며, 또한 남북한 사이도 현재는 차가운 기운으로 넘치지만 언젠가는 서로 교통할 수밖에 없을 것이라고 말씀드렸다. 그렇게 되면 가장 필요한 법분야는 바로 「국제사법」이 될 것이라고 본다고 말씀드렸다. 선생님께서는 물론 그렇게 되기는 하겠지만 아직은 시간이 많이 필요한 일이 아니겠느냐고 말씀하셨다. 그래도 미리 준비하는 것이 좋겠지 하셨다. 그 만남 이후에도 내 인생길은 꼭 그 쪽으로 접어들지 못하고 시간을 허송하였다. 그러니 대학원에 진학하여 공부를 하게 되면서 점점 더 국제사법에 가까워졌다. 결국 국제사법 논문으로 석사학위를 받았고 계속 공부하게 되었다. 또한 선생님께서 이끄시는 대로 교직의 길로 들어섰다.

1988년 올림픽이 있은 후에는 우리나라에 정말 많은 변화가 있었다. 우리나라는 더 이상 고립된 나라가 아니었으며 그렇게 있을 수도 없게 되었다. 그 중에서도 외국과의 인적 교류는 이루 말할 수 없을 정도로 늘어났으며, 교역량의 규모는 세계 10위의 대국이 되었다. 그리고 2001년에는 우리나라의 "섭외사법"이 "국제사법"으로 전면 개정되어 시행되었다. 이것은 우리나라의 국제사법학에서는 최대의 사건이다. 이 법은 21세기 최초의 선진적인 입법인 것이다. 물론 모든 문제에 대하여 가장 선진적인 해결책을 제시한 것은 아니었지만 그래도 실용적 측면에서 접근 가능한 선진적인 방법은 거의 채택한 훌륭한 법을 갖게 된 것이다. 이 법은 일본의 국제사법인 "법례"의 개정작업에도 상당한 영향을 미쳤다. 일본에서는 마침내 작년에 "법례"를 개정하여 2007년 1월 1일부터 "법의 적용에 관한 통칙법"이 시행되고 있다. 그러나 상당한 논쟁이 있던 부분을 결정하지 않은 채 법을 마련하여 추후 또 다른 개정작업이 필요할 것이다.

1991년 12월 13일 남북한 당국자들은 "남북사이의 화해와 불가침 및 교류협력에 관한 합의서"를 공동발표하였다. 그 얼마 전인 1991년 9월 17일에는 남북한 유엔 동시가입이 있었다. 이러한 일들은 남북한 사이에 교류의 길이 트이게 될 것이라는 것을 알려주는 것이었다. 그로부터 십수년이 지난 지금은 서울 광화문에서 개성으로 버스가 매일 오가고 있다. 그리고 금강산으로 가는 버스를 타고 관광을 떠나는 것도 얼마든지 가능하게 되었다. 얼마 후면 기차를 타고 오갈 수도 있을 것으로 보인다.

이러한 교류가 있게 되면 법적인 분쟁이 생길 가능성도 높아지는 것은 당연하다. 그런데 이러한 교류에서 남북한 주민 사이에 법적인 분쟁이 생긴 것이 아니라 탈북주민이 남한에 정착하여 사는 과정에서 북한에서의 법률관계를 정리하여야만 하는 문제가 먼저 발생하여 우리 법원에서 다루어지게 되었다. 이 책에서는 이렇게 남북한 주민 사이에 법적인 쟁송이 발생하는 경우에 대한 논의를 주로 실었다. 그러다보니 일부 중복된 부분도 생기고 논의가 빠진 부분도 있게 되었다. 앞으로 더 공부를 하여 이러한 부분을 보충하는 논의를 하고 싶다. 많이 부족한 것이지만 이러한 논의를 한 책에 엮는 일도 조금은 의의가 있지 않을까 해서 쑥스럽게도 책을 내게 되었다. 지금까지 나의 길을 인도해 주신 이호정 선생님께 깊은 감사의 말씀을 드린다. 또한 어려운 출판시장에도 불구하고 흔쾌히 책을 내 주신 법영사의 고준영 사장님께 감사드린다.

2007년 5월 용현벌 인하대에서

임 성 권

차 례

제1부 남북한 사이의 법률문제

제 2 부 북한 민법

제 3 부 국제재판관할

제1부 남북한 사이의 법률문제

제1장 남북한 사이의 국제사법적 문제
제2장 남북한 주민 사이의 가족법적 문제
제3장 북한주민과 관련한 가사분쟁의 특수문제
제4장 탈북자의 이혼청구에 있어서의 국제사법적 문제

제 1 장 남북한 사이의 국제사법적 문제

[목 차]

올 가을부터는 北韓 내의 금강산을 관광할 수도 있다고 한다.[1] 뿐만 아니라 나진 선봉 지역에는 원전을 건설하기 위한 인력이 이미 일하고 있다.[2] 그리고 南北韓 사이에는 홍콩을 매개로 하여

---

* 이 글의 원전은 국제사법연구 제4호(1999.12.) 171면-190면에 실려 있다. 1998년 10월 26일 국제사법학회 정기연구회에서 발표한 내용을 정리 보완한 글이다. 따라서 그 이후의 남북한 사이의 경제 교류에 대해서는 반영이 되어 있지 않다. 이 글에서의 시점은 1998년을 기준으로 한다.

1) 금강산관광이 1998년 10월말부터 가능할 것이라고 한다(이 글의 발표 후 금강산의 관광이 이루어졌다. 1998년 11월 18일 첫 출항하여 다음 날 아침에 장전항에 도착하여 역사적인 첫 관광이 이루어졌다).

2) 1997.8.19. 한반도에너지개발기구(KEDO)가 북한에 제공할 경수로의 부지준비공사가 함경남도 신포 금호지구에서 착공되었다. 이곳은 북한당국의 간섭이 배제된 '특구'라는 점에서 남북한 근로자들간에 자유로운 접촉이 가

간접적인 무역거래가 있어 왔으며 더 나아가 직접거래도 가시화하고 있다.[3] 또 금강산관광의 물꼬를 튼 격이 된 한우 500마리의 北韓 이송[4]이 國際的인 화제가 되었다. 이렇게 南北韓 사이에는 앞으로 더욱 많은 거래가 있을 것이며 그에 따라 법적인 問題가 생길 소지가 더 많아진 것이다.[5] 물론 그 외에도 이전부터 問題가 되어 온 재일교포의 本國法 問題 또한 南北韓 사이의 國際私法的 問題의 범주로 생각해 볼 여지가 있다.

여기서 우리는 南北韓 사이의 법적 관계가 問題解決의 출발점이 됨을 부인할 수 없다. 대한민국과 조선민주주의인민공화국이 별개의 國體인가, 아니면 한 영토 안에 있는 별개의 體制일 뿐인가, 아니면 양쪽에서 주장하는 대로 서로 상대방은 미수복된 지역의 사실상의 정부인가? 사실 이러한 問題는 憲法學者들이 다루

능할 것으로 보인다. 물론 이 지역에서 한국근로자와 관련해 발생할 모든 영사업무는 우리 외교관이 처리하게 된다. 이 지역 KEDO 사무소에 2명의 외교관이 1997.7.28. 파견되어 있으며 동년 7월말 현재 기술진 80여 명이 들어가 있다. 그 후 1년 동안에 연인원 800여 명의 기술자와 근로자가 현장을 방문하였고 현재에도 근로자 150여 명이 북한측 근로자 1백여 명과 일하고 있다.

3) 올들어서만도 남북한간의 교역은 한편 올들어 7월까지의 남북간 교역은 반출 1억4만9천달러, 반입 4천24만8천달러, 그리고 위탁가공교역은 반출 1억3천3백77만4천달러, 반입 1억3천6백90만5천달러를 각각 기록했다(동아일보 1998.9.1.). 남북교류 활성화를 위해 현재 깨, 명태 등 178개에 달하는 남북한 반출 · 입 제한품목이 점차 축소되고 무역업체의 교역에 관한 보고의무도 10월말까지 폐지된다. 규제개혁위는 또 현재 3년 이내로 제한된 북한내 사무소 상주기간을 자유화하고 특정 품목에 대해 특정업체만 거래할 수 있도록 한 남북교역당사자제도도 폐지키로 했다. 이와 함께 북한 방문증명서 발급때 관계부처 협의를 폐지하고 방북증명서 분실에 따른 재발급이나 방문기간연장 승인 절차도 대폭 간소화하기로 했다(동아일보 1998.9.11.).

4) 정주영 씨가 이른바 “통일소”의 북송(1998.6.16.)은 나중에 그 소들 중의 일부가 폐사한 사건(1998.9.20. 500마리 중 15마리가 폐사하고 8마리가 폐사직전이라고 북한 발표)과 관련하여 증여자의 담보책임의 문제가 제기될 수 있는 소지가 있었다.

5) 이 글의 발표 후에 금강산관광의 길이 열려 많은 사람들이 이미 관광을 하였다. 그러나 이 여행계약과 관련하여서도 많은 문제점들이 고려되지 않은 채 관광의 실행이 먼저 이루어지고 있다.

어 마땅한 것이지만 우리의 어느 憲法學者나 오직 우리의 憲法適用의 範圍問題로만 다루고 그때에는 또한 영토조항만을 問題삼고 있다. 그런 결과 우리의 憲法學者들은 우리 憲法의 규범상의 효력은 北韓에 미치지만 사실상의 효력은 南韓 내에 한정된다고 하는 결론을 내고 있다. 즉 영토조항의 의미를 선언적인 의미에 그치게 하고 있음을 볼 수 있다. 그러면 國際法 學者에게 물어보면 어떤 결과가 나올 것인가? 안타깝게도 이에 대하여 의견을 표명하는 자료를 찾을 수가 없었다. 다만 國家의 承認 問題로서 다루는 것을 유추해보는 수밖엔 없다. 國家의 承認問題로 볼 때엔 南北韓이 모두 별개의 國家로 인정받는다. 그럼에도 불구하고 여전히 우리가 北韓을 별개의 國家로 볼 것인가는 다른 問題로 남는다. 따라서 南北韓 사이의 涉外的 法律關係에 대하여 이를 準國際私法的 問題로 볼 것인지, 아니면 國際私法的 問題로 볼 것인지, 그것도 아니라면 우리의 국내법을 적용하는 것에 그치는 것으로 할 것인지는 변함없이 남는 問題인 것이다. 그러므로 본고의 제목을 "國際私法的" 問題라고 한 것이다.

그래서 南北韓 사이의 涉外的 法律關係에 대한 問題를 다루는데 있어서는 우선 南北韓關係의 法的 性格부터 다시 규명해 볼 필요가 있다. 그리고 발생할 수 있는 구체적인 問題에 대하여 논의해 보고자 한다.

Ⅰ. 南北韓關係의 法的 性格

1. 대법원의 태도

南北韓 사이의 國際私法的 問題가 우리 대법원의 판단을 받은 적은 물론 아직까지 한 번도 없다. 따라서 北韓의 法的 地位를 대법원이 어떻게 보고 있는지는 현재까지 나온 다른 분야의 판결들로밖에는 살펴볼 길이 없다. 대체로 형사판결과 행정사건뿐이

라고 할 수 있다. 남북전쟁 전에 나온 판결로는, 北韓 內에서 통용되는 소련군표의 위조사건에 대하여 이는 내국에서 유통되는 外國의 지폐에 해당한다는 판결이 법원의 태도를 엿볼 수 있는 최초의 판결이다. 즉 이 사건에서 北韓도 한국의 영토라는 것을 전제로 하여 "내국에서"라는 표현을 사용하여 유죄판결을 내렸다.[6] 남북전쟁 후 北韓의 남침을 아예 폭동으로 규정한 판결도 나왔다.[7] 그 후 "憲法의 영토조항이 한반도와 부속도서를 영토로 하고 있으므로 北韓傀儡集團은 憲法上 反國家團體로서 國家로서 볼 수 없다"는 견해를 견지하고 있다.[8] 다만 간첩죄의 적용에 있어서만 北韓을 國家에 準하여 취급한다는 태도를 보이고 있다.[9] 憲法裁判所의 태도 역시 크게 다르지는 않다. 1991.12.13. 南北韓의 정부당국자가 南北合意書(정식명칭은 "남북 사이의 화해와 불가침 및 교류 협력에 관한 合意書")에 서명하였고 1992.2.19. 이 合意書가 발효되었는데 이 合意書의 채택 발효 이후에도 "北韓이 여전히 적화통일의 목표를 버리지 않고 각종 도발을 자행하고 있으며 南北韓의 정치 군사적 대결이나 긴장관계가 조금도 해소되지 않고

---

6) 1948.3.24. 대법원 4281형상10 판결; 1948.3.31. 대법원 4280형상210 판결.

7) 1955.9.27. 대법원 4288형상246 판결. 여기서 "북한공산괴뢰의 남침은 국내의 일지방적 폭동에 불과하다"고 하였다. 즉 북한 영역은 한국의 관할 아래 있는 지역이라는 것이다.

8) 북한을 국가보안법상의 반국가단체로 판단하고 있다. 1990.9.25. 대법원 90도1451 판결은 "헌법 제3조의 법리상 이 지역에서는 대한민국의 주권과 부딪치는 어떠한 국가단체도 인정할 수가 없는 것이므로 비록 북한이 국제사회에서 하나의 주권국가로 존속하고 있고 우리 정부가 북한당국자의 명칭을 쓰면서 정상회담을 제의하였다 하여 북한이 대한민국의 영토고권을 침해하는 반국가단체가 아니라고 단정할 수 없다"라고 한다. 이러한 태도는 그 뒤의 판결에서 계속 이어진다(예를 들면 1990.9.25. 대법원 90도1586 판결; 1991.4.23. 대법원 91도212 판결; 1991.12.24. 대법원 91도2419 판결; 특히 전원합의체 판결인 1992.3.31. 대법원 90도2033 판결은 "객관적으로 반국가단체"라고 한다. 그 후에도 1992.8.14. 대법원 92도1211 판결; 1992.8.18. 대법원 92도1244 판결; 1993.2.9. 대법원 92도1711 판결; 1993.9.28. 대법원 93도1730 판결; 1993.10.8. 대법원 93도1951 판결).

9) 1983.3.22. 대법원 82도3036 등.

있음이 엄연한 현실인 이상, 北韓의 反國家團體性"에 아무런 변화가 없다고 한다.[10] 대법원은 나아가 北韓法의 규정에 따라 北韓國籍을 취득하여 北韓의 해외공민증을 발급받은 자라 하더라도 北韓地域 역시 대한민국의 주권이 미치는 곳이므로 조선인을 부친으로 하여 출생한 자는 남조선과도정부법률 제11호 國籍에관한 임시조례의 규정에 의하여 조선國籍을 취득하였다가 憲法의 공포와 더불어 동시에 대한민국의 國籍을 취득한다고 한다.[11] 또 저작재산권에 대한 판단에서도 저작권법이 北韓에도 미치므로 월북 납북작가들의 작품에 대하여 "당연히 그 저작권자나 그 상속인들로부터 저작재산권의 양수 또는 저작물 이용 허락을 받아야" 한다고 한다.[12]

결론적으로 대법원은, 대한민국의 영토는 憲法 제3조에 따라 한반도와 부속도서이므로 北韓은 오로지 反國家團體이며 그것은 國際法과는 전혀 다른 원리에 기한 것이라는 판단을 하고 있다. 이러한 시각에서는 憲法뿐만 아니라 다른 법률(판례에서 예를 들면 저작권법)도 北韓에 미치므로 私法的인 問題에도 오로지 우리 법을 적용하면 된다는 생각으로 이어질 수 있겠다. 따라서 그 생각을 연장하면 涉外的인 法律關係라는 것을 對北韓 관계에서는 인정할 여지가 전혀 없다고 보고 있는 것이 아닌가 한다.

2. 독일의 경우

1989년 11월 9일 베를린의 장벽이 무너지고 1990년 10월 3일

---

10) 헌법재판소 1993.7.29. 92헌바48 결정; 헌법재판소 1997.1.16. 89헌마240 결정.

11) 1996.11.12. 대법원 96누1221 판결. 이 사건은 북한인이 중국으로 이주한 후 중국주재 대사관에서 해외공민증을 발급받고 중국에서 외국인거류증을 발급받아 중국여권으로 한국에 입국하였다가 외국인으로서 불법체류자로 되어 강제퇴거명령을 받아 이에 처분무효확인소송을 낸 사건이다.

12) 1990.9.28. 89누6396 판결.

독일이 통일되기[13] 전까지의 동독과 서독의 경험은 우리에게 많은 것을 말해 줄 수 있을 것이다.[14] 2차대전 후 동독은 소련법을 모델로 하는 사회주의법을 갖고 있어 서독과는 다른 사법체계를 지니게 되었다.[15] 그러나 서독은 연방법체계로서 하나의 독일을 전제로 하는 法體系를 갖고 있어[16] 동독과의 관련이 있는 私法關係에 어느 법을 적용해야 할 것인지가 問題되었다.[17] 먼저 서독

---

13) 이후 10월 3일은 독일의 국경일이 되었다.

14) 오수근, "남북한 교류에 따른 준국제사법적 문제해결을 위한 서론적 연구—독일의 경험을 중심으로—", 북한 · 통일연구논문집(Ⅵ): 교류 협력 분야(통일원, 1990); 동, "남북한간의 준국제사법적 문제", 국제사법연구 제3호 560면.

15) 종전 후 독일의 국토는 승전국들에 의해 분할 점령되었으며, 주권은 엄격하게 제한되어 있었다. 대표적인 예로 서독은 1955년까지 외무부를 가질 수 없었다(1954년 파리협정에 조인하고 1955년 유럽공동체와 북대서양조약기구에 가입하면서 외교권을 회복하였다). 외교권은 국가주권의 핵심사항인데, 외교를 담당할 부서가 없었다는 사실은 주권의 제한을 설명해줄 가장 적합한 예라 할 것이다. 그리고 1949년 5월 23일 기본법이 공포되고(정식으로는 9월 21일) 독일연방공화국[Federal Republic of Germany(West)]이 출범하였다. 동독은 조금 뒤인 10월 7일에 독일민주공화국[German Democratic Republic(East)]을 수립하였다.

16) 독일의 통일 방식 역시 동독 지역이 독일연방에 가입하는 형태로 이루어졌다. 그것은 우리 헌법과는 다르게 독일 기본법이 영토조항을 두지 않았고 따라서 기본법의 효력범위에 대하여 크게 논란이 되지 않았다. 독일이 후에 통일될 것을 전제로 기본법의 효력범위를 한정한다든가 또는 동독에까지 효력이 미친다는 규정을 두지 않았다. 그러나 독일은 한민족 한나라라는 생각을 서독은 버리지 않았다. 동독은 서독과의 별개성을 강조하는 태도를 갖고 있었다.

17) 동독은 그 자신의 국적법을 별도로 갖고 '동독 국적'을 주고 있으나 서독은 종전전의 국적법에 따라 '독일 국적'을 줄 뿐 '서독 국적'을 주는 것이 아니므로 서독에서는 동 · 서독의 국적 구별이 인정되지 않는다고 할 수 있겠다. 따라서 서독에서는 동 · 서독간의 사법적 법률관계에 대하여 하나의 준국제사법적 문제로 보는 것이 일관성이 있는 견해일 것이다(반면에 동독은 서독을 외국으로 보기 때문에 국제사법문제로 파악하는 것이 역시 논리적이다). 이 점은 북한의 법체제를 인정하지 않는 우리 대법원의 태도와는 다르다고 할 수 있다. 즉 우리 대법원은 1996.11.12. 96누1221 판결에서 조선국적 취득 후 북한법에 의하여 북한국적을 취득한 경우 대한민국 국민이라고 하고 있다. 따라서 만약 남북한간에 사법적 법률관계가 문제되어 국적이 연결점이 된다 하더라도 북한인에 대하여 북한법을 적용한다는 것은 있을 수 없는 일로 판단할 것이다.

에서 동독의 法的 地位를 어떻게 판단하여야 할 것인지가 問題된다.[18] 서독 11개 주[19]에만 1949년 5월 24일 발효된 基本法이 적용되게 되었다. 그런데 명칭에서 보다시피 '憲法'으로 되어 있지 않고 '基本法'이라고 되어 있고 基本法 제146조에서 나중에 憲法이 제정되는 때에 基本法을 실효시키는 규정을 하고 있다.[20] 즉 그 효력이 잠정적임을 미리 밝히고 있는 것이다.[21][22] 그러니까

---

18) 본고에서는 북한에서 우리 한국을 법적으로 어떻게 평가하는지에 대하여는 고찰하지 않는다. 우선 자료도 미약하거니와 실익의 면에서도 당장 우리 법원이 남북한 사이의 섭외적 법률관계에 대하여 어떻게 판단할 것인가에 더 관심이 있기 때문이다. 따라서 본고에서는 동독에서 서독을 어떻게 평가하고 있었는지 역시 간단히 살피는 정도에 그친다.

19) 오수근 교수의 "남북한간의 준국제사법적 문제", 국제사법연구 제3호 562면에서는 12개 주로 소개하고 있으나 이는 誤打로 보인다. Baden-Wurttemberg, Bayern, Hessen, Nordrhein-Westfalen, Rheinland-Pfalz, Schlewig-Holstein, Berlin, Hamburg, Niedersachsen, Saarland, Bremen 이상 11개 주가 독일연방공화국(서독)이고, Brandenburg, Mecklenburg-Vorpommern, Sachsen, Sachsen-Anhalt, Thuringen 5개 주는 독일민주공화국(동독)이다.

20) 반면에 동독헌법은 동독을 서독과는 구별되는 완결된 하나의 국가로 표현하고 있다. 이 점에서도 남북한의 태도와는 차이가 있다. 한국헌법은 북한 영역에까지 효력이 미치는 것으로 규정하고 있고, 북한헌법 역시 추상적이긴 하나 남한을 '해방하여야 하는 곳'으로 인식하고 있어 서로를 하나의 국가로 인정하지 않고 있다. 이것은 서독이 동독을 하나의 독일 아래 있으나 그 독일에 가입한 서독과는 달리 아직 가입하지 않은 다른 단체로 인식하는 태도와도 다르고 동독이 서독과는 별개의 국가임을 규정하는 태도와도 다르다.

21) 초대총리인 아데나우어가 독일통일을 위하여 보인 태도는 음미할 만하다. 그는 서유럽통합에 적극적인 자세를 보였는데 그 이유는, 독일이 나치범죄의 멍에를 벗고 이웃 국가들의 불신과 두려움을 불식시키면서 번영하기 위해서, 그리고 군사적 피점령국의 상태에서 국제사회에서 동등한 주권국가로 조속한 회복은 서유럽에 굳건하게 독일이 통합됨으로써만이 가능하다고 판단했기 때문이다. 또한, 그럼으로써만이 독일의 통일이 가능하다고 그는 믿었다. 즉, 유럽통합을 통해 독일문제를 해결하지 않고서는 독일통일은 단지 비운의 역사가 반복될 따름이라고 보았던 것이다. 독일의 극단적인 민족주의 전통을 유럽이념으로 대체하고, 그 위에서 독일통일을 달성해야 한다는 견해였다. 그의 시각에서는, 서독에 주어지지 않고 유보된 주권은 회복될 민족국가를 위해 되찾아지는 것이 아니라 통합된 서유럽에 이관되는 것이었다. 반면에 SPD 지도자 슈마허는 이에 반대하여 독일 민족국가의 이와 같은 목표를 비판하였다. 그는 연합국측에 유보된 주권이 '핵심국가 또

서독의 태도는 하나의 독일 아래에 서독과 동독이 있다고 하는 것이다. 즉 서독의 시각에서는 동독은 外國이 아니라고 할 것이다. 따라서 동서독 사이의 涉外的 法律關係에 대하여 準國際私法的인 問題로 파악하는 것이 논리적인 것이다. 連結點으로서의 國籍에 대하여도 마찬가지의 견해를 보이게 된다. 즉 서독에서는 동독의 國籍이 外國國籍이 아니라 하나의 독일 아래의 部分國家의 國籍을 갖고 있는 것에 그친다. 반면에 동독은 서독을 外國으로 보고 있으므로 國際私法問題가 되고 서독인은 外國人이 되는 것이다. 이것은 동독과 서독이 1972년 12월 21일 基本條約을 체결하여 두 개의 國家의 존재를 서로 인정하였음에도 불구하고 여전히 동독은 하나의 독일 아래 있는 部分國家라는 시각을 서독이 유지하였음을 말해주는 것이다.[23] 따라서 本國法을 準據法으로

는 主國家'로 이해되는 연방공화국에 이관되도록 모든 노력을 기울여야 한다고 생각했다(Andreas Hillgruber, "Deutsche Geschichte 1945-86- Die deutsche Frage in der Weltpolitk", 손상하 역, 「독일현대사 1945-1986」(서울, 1991) pp49-50.). 서독과 동독 위에 하나의 독일이라는 존재가 있다고 하는 생각은 그 후 독일의 통일에 있어서 기본적인 사고로 자리잡게 된다.
아데나워의 서유럽통합정책을 이어받은 Brandt는 할슈타인정책을 포기하고 1민족 2국가를 인정하는 동방정책을 취했다. 대표적인 예가 UN가입이다. 브란트의 정책은 동·서독 분단의 현실(status quo)을 인정하는 것이었고, 동시에 분단의 극복을 위한 대장정이었다. 영구 분단을 상징하는 듯한 UN가입 이후 서독은 이후 장기적 통일정책을 추구하는 데 있어서 좀더 능동적이고 자유롭게 임할 수 있는 국제적 · 국내적 여건을 조성할 수 있었다.

22) 그러나 아직 헌법을 제정하지 않고 있다. 1990년 3월 10일 동독지역에서 자유선거를 치루어 기독교민주당이 압승하고, 4월 23일 동독에 비공산연립내각이 수립되어 동독헌법의 개헌 조건을 갖추고 5월 18일 본에서 국가조약이 체결되었다. 1990년 9월 12일 모스크바에서 열린 2+4 외무장관 회의에서 최종규정 조약이 조인된 데 이어 마침내 10월 3일 분단 41년만에 하나의 독일이 탄생했다. 동독의 5개 주가 기본법 제23조에 의하여 독일연방공화국에 가입한 것이다. 즉 이로써 동독 영역에 기본법의 효력이 미치게 되었다고 본다.

23) 오수근, "남북한간의 준국제사법적 문제", 국제사법연구 제3호 562면에서는 1973.7.31.의 독일연방헌법재판소의 판결(이 사건은 Bayern주가 동서독 기본조약의 합헌성여부에 대해 소를 제기한 건이다. Grundvertragsurteil이라고 불린다. BverfGE 36, 1ff.)을 인용하여 이러한 인식을 밝히고 있다. 그 판

선택해야 하는 경우에, 동독에서는 國籍을 連結點으로 사용하는 데에 아무런 지장이 없는 데 비하여 서독에서는 國籍을 連結點으로 사용하는 것이 논리상 곤란하다. 즉 동서독간의 涉外的 私法關係를 準國際私法的인 問題로 보는 한, 國籍이 아닌 다른 連結點이 등장해야 하는 것이다. 이때에는 장소적으로 법의 분열이 있는 나라로서 전형적인 準國際私法問題가 되므로 상거소지법이 準據法으로 등장하게 될 것이다.[24)]

3. 南北基本合意書의 태도

남북총리를 대표로 하는 남북고위급회담에서 채택, 서명 · 발효된 '南北韓 사이의 화해와 불가침 및 교류 협력에 관한 合意書'가 정식명칭이다(이하 '基本合意書'라 한다). 90년 9월의 제1차 고위급회담을 시작한 지 15개월만인 91년 12월 13일 서울에서 열린 제5차 고위급회담에서 서문 및 남북화해 · 남북불가침 · 남북교류협력 등 3개 부문, 그리고 수정 · 발효 항목으로 구성된 '基本合意書'를 채택, 서명하여 南北韓의 화해와 공존, 나아가 통일로 향하

결 중 "… 단일한 국민과 영역을 가지고 조직화되지 않았기 때문에 '행위능력을 가지지 않으나 아직도 계속 존립하고 있는 전체 독일국가의 부분'인 두 국가간의 조약…" 부분은 이러한 인식을 나타내고 있다(고딕 강조 필자). 이 판결은 독일제국 존속의 이론적 근거로서 권리능력과 행위능력의 구분을 전제로 '존속하는 독일'은 항상 권리능력을 갖고 있으나 완전국가로서 조직 특히 제도화된 기관이 흠결되어 행위능력은 갖지 못한다고 한다. 특히 판결 중 "독일연방공화국(서독)은 새로이 건국된 것이 아니라 계속 존재하는 독일제국의 새로운 조직이며 또한 독일제국의 법적 승계자일 뿐만 아니라 국가로서 독일제국과 동일－다만 그 영토적 외연과 관련하여 부분적으로 동일－하다"는 부분은 전체로서의 고유한 주민이 속하는 국제법 주체로서의 독일제국이라는 통일적인 국민 개념과 전체로서의 고유한 영토가 귀속되는 독일제국이라는 통일적인 영토 개념을 인정하고 있는 것이라고 한다(허 전, "남북기본합의서와 헌법", 법학연구 제5권(1993), 충북대 법학연구소, 187면).

24) 물론 이를 대비한 준국제사법의 법률이 서독에 없었다. 따라서 학설상 상거소지법이 준거법이 될 것이라는 유력한 견해가 있을 뿐인 것이다.

는 이정표를 세운 이래 92년 2월 18일 평양에서 열린 제6차 고위급회담에서 合意書 문건을 정식 교환함으로써 효력을 발생시켰다. 그 후 남북은 92년 9월 17일 평양에서 열린 제8차 고위급회담에서 '基本合意書'에 따른 화해 · 불가침 · 교류협력 등 3개 '附屬合意書'를 양측 총리의 서명을 거쳐 발효시켰고 동시에 화해공동위 구성 운영에 관한 合意書도 채택, 발효시켰다. 이로써 '基本合意書' 실천기구인 화해 · 군사 · 경제 · 사회문화 등 4개 공동위가 본격 가동돼 '基本合意書'가 실천단계에 들어갈 수 있게 됐다. 그러나 92년 12월 21일 개최키로 한 제9차 고위급회담이 무산됨으로써 이산가족교환사업 및 核相互查察問題 등의 쟁점들이 타결되지 못하고 있다. 그렇지만 이 '基本合意書'는 이제까지의 南北韓이 상대방에 대하여 취한 법규정과는 전혀 다른 시각을 갖고 있다. 우선 '基本合意書'의 문면상의 의미를 중심으로 논의한다.

'基本合意書'의 전문에서 "남과 북은 … 쌍방 사이의 관계가 **나라와 나라 사이의 관계가 아닌** 통일을 지향하는 과정에서 잠정적으로 형성되는 특수관계라는 것을 인정하고 …"라고 규정하고 있다(고딕강조－필자). 따라서 '基本合意書'의 시각에서는 南北韓關係를 國家간의 관계가 아니라 민족 내부의 특수관계로 보고 있다. 이 점은 문면상으로 보면 서독의 시각과 비슷한 것이다. 서독은 우선 서독 그 자신이나 동독이나 하나의 독일 아래에 있는 部分國家라고 보는 데 대하여 '基本合意書' 역시 南北韓이 1民族, 1國家, 2政府, 2體制[25]라는 시각을 갖고 있다고 본다.[26] 더군다나

25) 1국가 2체제론과 1국가 2정부론은 서로 다른 것이다. 1국가 2체제론은 중국(대륙)이 홍콩에 대하여 취한 입장이며 현재도 그대로 유지하고 있다. 이것을 중국(대륙)은 대만에 대하여도 적용하고자 하였으나(1984.12.22. 중앙고문위원회에서 등소평이 제안) 자유중국(대만)은 이를 거부하고 1국가 2정부론을 주장하였다(1989.4.8.). 중국은 이를 2개의 중국을 노리는 것이라고 비난하였다(1989.4.12.)(법제처, 중국과 대만의 교류법제, 1992, 3면 이하).

26) '하나의 조선'의 논리로 대표되는 북한의 태도는 남한을 국가로서 승인하지 않으려는 의사를 표명하는 것이다. 이것은 북한을 다른 국가와 마찬가

南北韓이 1991.9.17. 동시에 유엔에 가입한 이후에는 서로의 體制를 인정할 수밖에 없는 처지에 놓이게 되었다.[27] 그러나 우리 憲法上으로 본다면 대한민국이라는 '하나의 國家'만이 존재할 뿐이므로 南北韓關係는 國家間의 관계로 볼 수는 없으며 따라서 '基本合意書'는 국내법상 두 공법단체 사이에 체결된 협정에 유사한 것으로 개념화할 수 있을 것이라고 보면서 '基本合意書'에서 '특수관계'라고 하는 것이 바로 그러한 의미라고 보는 견해도 있다.[28]

4. 小 結

南北韓이 유엔에 동시가입하고 '基本合意書'를 체결하였는데 南北韓의 法的 地位, 보다 정확하게는 우리의 시각에서 바라보는 北韓의 法的 地位에 대하여 명확한 판단을 할 필요가 있는 것은 분명하다. 대법원에서 나온 판결이나 憲法裁判所의 결정은 거의 모두 國家保安法事件 또는 국가보안법의 위헌성 여부에 대한 것

지의 국가로 인정하지 않으려는 남한의 태도와 같다. 양측의 기본입장은 각기 헌법에 나타나 있다. 앞의 본문에서도 언급한 바와 같이 남한은 헌법 제3조에서 한반도와 그 부속도서가 영토임을 표명한 것처럼 북한 역시 1972년 헌법 제5조에서 '북반부에서 사회주의의 완전한 승리를 이룩하여 전국적 기초 위에서 조국을 평화적으로 통일하며 완전한 민족적 독립을 달성하기 위하여 투쟁한다'라고 규정하고 있었고, 1992년 개정된 헌법에서는 표현은 약간 부드러워졌으나 제9조에서 '조선민주주의인민공화국은 북반부에서 인민정권을 강화하고 사상 · 기술 · 문화의 3대혁명을 힘있게 벌려 사회주의의 완전한 승리를 이룩하며 자주, 평화통일, 민족대단결의 원칙에서 조국통일을 실현하기 위하여 투쟁한다'라고 규정하고 있다.

27) 국제법의 시각에서 보는 남북관계와 헌법의 시각에서 보는 남북관계 사이에 괴리가 있음을 주목하여야 한다는 견해가 있다(최대권, "한국헌법의 좌표", 법제연구 제2권 1호, 한국법제연구원, 1992, 11면 이하). 남쪽에 대한민국이 수립되고 북쪽에 조선민주주의인민공화국이 수립된 이래 한반도에는 국제법적으로 두 개의 '사실상의 국가'가 존재하여 왔으며, 반면에 우리 헌법상으로는 대한민국이라는 '하나의 국가'만이 존재하는 체제로 구성되어 있다는 것이다(인용·강조 필자).

28) 최대권, "한국헌법의 좌표", 법제연구 제2권 1호, 한국법제연구원, 1992, 12면.

이다. 앞서 이야기한 대로 우리의 사법부는 國家의 안전을 이유로 前과 다름없는 판단, 즉 北韓을 反國家團體로 인식하고 있다.[29] 특히 1997.1. 16. 89헌마240 憲法재판소 결정은 '基本合意書'의 성격에 대하여 다음과 같이 말하고 있다. "이는 한민족공동체 내부의 특수관계를 바탕으로 한 당국간의 合意로서 남북당국의 성의 있는 이행을 상호 약속하는 일종의 공동성명 또는 신사협정에 준하는 성격을 가짐에 불과하다." 이는 '基本合意書'가 국회의 批准 同意를 거치지 않은 것과도 관련성이 있는 것으로 생각한다.[30] 사실 국회의 批准 同意는 상당히 중요한 의미를 갖는 것이다. 이러한 절차를 거쳐야 효력을 발하는 것이라면 '基本合意書'는 일반적인 條約과 다름없는 것이 될 것이고, 이 절차가 필요없다면 일종의 협약 내지는 협정에 그칠 것이다. 憲法 제60조는 국회의 批准 同意를 받아야 하는 條約에 대하여 열거하고 있는데 그 중 '友好通商航海條約, 主權의 制約에 관한 條約'이 있다. 憲法 제3조의 영토조항에 불구하고 '基本合意書'를 체결한 것이므로 이는 '主權制限에 관한' 것이라 할 수도 있고, 또 '南北韓간의 화해와 불가침 및 교류협력에 관한' 것을 다루고 있으므로 '友好通商條約'이라고도 할 수 있다. 따라서 내용상으로는 국회의 批准 同意가 필요한 것인데 이러한 절차를 거치지 않았다. 이것은 간접적으로 우리 정부 당국의 시각을 보여주는 것이라고 할 수 있다. 즉 '基本合意書'는 國家간의 條約이 아니라는 것이다.

그렇다면 北韓을 어떻게 보아야 할까? 이에 대하여는 동서독의 基本條約에 대한 독일 聯邦憲法裁判所의 판결이 많은 시사점을 던져주고 있다. 北韓에 대한 우리의 대법원이나 憲法裁判所의 시각만 피한다면 우리는 좋은 결론을 낼 수 있을 것이다. 앞에서

29) 대법원 1991.4.23. 91도212 판결; 동 1992.8.14. 92도1211 판결; 1997.1.16. 89헌마240 헌법재판소 결정; 1997.1.16. 92헌바6 헌법재판소 결정 등.

30) 이에 대하여 언급한 문헌은 찾지 못하였다. 그러나 기본합의서의 성격을 말할 때에는 이 부분도 언급하여야 하지 않을까 한다.

본 바와 같이 우리도 대한제국에서 이어지는 전통적인 고유한 영토와 주민을 갖고 있는 하나의 全體國家를 상정할 수 있다. 다만 이 全體國家는 아직 그 기관이 조직되지 않아 행위능력을 갖추지 못하고 권리능력만 갖고 있는 것이다. 그리고 그 法的 승계자는 대한민국이고 대한제국과 동일성을 유지한다. 다만 영토적인 외연은 부분적으로 동일하다. 따라서 한반도의 法的 상태는, 우선 첫째로 한반도에는 대한민국과 조선민주주의인민공화국의 2개의 國家가 있고, 둘째 이 2개의 國家는 상호간에는 外國이 아니며, 셋째 대한민국은 그 憲法上 존속하는 대한제국의 새로운 조직이며 조선민주주의인민공화국은 자신의 시각에서 대한제국과의 관계를 정한다고 하는 세 가지로 요약된다고 한다.31)

이렇게 法的 性格을 논하게 만든 '基本合意書'는 현재 실효적으로 이행되지 않는 상태에 있다. '민주사회를 위한 변호사모임'(이하 민변)이 '基本合意書'의 정신에 따라 독자적인 北韓住民接觸申請을 냈다가 불허되자 통일부를 상대로 北韓住民接觸 申請 불허처분취소청구소송을 냈는데, 이에 대하여 서울고법은 "基本合意書는 93년 1월 北韓이 남북대화를 재개할 의사가 없음을 선언한 이래 이행되지 않고 있으므로 法的 구속력을 갖지 않는다"고 하였다.32) 이에 대하여 통일부 당국자는 "基本合意書가 이행되지 않고 있다는 것과 효력이 없다는 것은 다른 차원의 사안이며, 현재 '基本合意書'는 불이행의 상태일 뿐 폐기나 효력상실로 볼 수 없다"고 하였다.33) 이러한 논란이 생긴 것은 '基本合意書'의 성격

---

31) 허 전, "남북기본합의서와 헌법", 법학연구 제5권(1993), 충북대 법학연구소, 189면.

32) 민변이 96년 8월 회원들로부터 모금한 1천만원을 북한적십자측에 전달하고자 통일부에 북한주민접촉신청을 냈다가 정부방침에 어긋난다는 이유로 불허되자 헌법상 포괄위임금지원칙과 기본합의서의 평화통일원칙에 어긋나는 처분이라며 소를 제기한 사건에 대한 판결이다(서울고법 1998.7.26. 특별7부).

33) 동아일보 1998.7.29.

과 관련이 있다. 國家간의 條約으로서 국회의 批准 同意를 거쳤다면 당연히 憲法에 의하여 법률로서의 효력을 지니게 되는 것이나 그러한 절차를 밟지 않았고 또 國家간의 條約으로도 보지 않으므로 '基本合意書'의 法的 性格 또한 묘한 존재가 된 것이다.[34)] '基本合意書'의 이행에 대하여 현 정부의 '단계적 이행 추진'이라는 발표는[35)] 사실상 아직 '基本合意書'가 살아 있음을 전제로 하는 것이고 또한 北韓이 '基本合意書'의 불이행책임을 아직 언급하고[36)] 있는 것 또한 같은 태도를 보이고 있음을 알게 해 준다.

Ⅱ. 구체적인 問題

1. 國　籍

憲法 제3조에 따르면 北韓籍을 가진 사람이나 北韓住民도 모두 대한민국 국민으로 보아야 할 것이다.[37)] 이런 견해에서라면 國籍法에서 특별히 北韓住民에 대하여 규정하지 않는 것이 법논리상 당연한 일일 것이다. 즉 外國人을 대상으로 하여 그들이 대한민국의 國籍을 취득하는 절차 및 기준에 대하여 규정하는 國籍法에서 당연히 대한민국 국민인 北韓住民에 대하여 달리 규정하지 않는 것이 논리적인 것이다. 그러나 현실적으로는 北韓住民이나 北韓籍者가 국내에 호적이나 주민등록이 정리되어 있지 않으므로 탈북자나 제3국에 체류하는 北韓籍者 등이 대한민국 정부나 재외

34) 판결에서 신사협정이니 공동성명이니 하는 언급을 보인 것을 상기하라(1997.1.16. 89헌마240 헌법재판소 결정).

35) 1998.2.18. 남북대화사무국에서 열린 '남북기본합의서 발효 6주년 기념세미나'에서 김석우 통일원차관의 발언(동아일보, 1998.2.18.).

36) 1997.12.13. 북한은 노동신문 논평을 통해 "남북기본합의서가 6년이 지나도록 아무런 결실을 보지 못하고 있는 것은 전적으로 남조선 당국자의 책임"이라고 언급하였다(1997.12.15. 동아일보).

37) 대법원 1996.11.12. 96누1221 판결.

공관에 국민으로서의 처우 또는 외교적 보호를 요청하는 단계에서 入國許可問題, 호적과 주민등록 問題를 처리하는 절차나 기준을 하위법규로 정하는 것이 현실적이고 법논리적으로 타당하다고 한다.[38] 즉 "北韓離脫住民의보호및정착지원에관한법률"(舊 歸順北韓同胞保護法)이 대한민국의 國籍取得節次에 대하여 규정함이 없이 취적절차에 대하여만 규정하는 것도 그런 점에서 이해하여야 한다고 한다.[39] 이러한 견해는 서독이 통일 전에 취한 태도와 거의 다름이 없다. 즉 '하나의 독일' 아래 하나의 獨逸國籍만이 존재한다는 것이다. 이러한 시각에 서게 되면 南北韓 주민 사이에 涉外的 法律關係가 問題되어 連結點으로서 國籍이 問題될 때에는 우리 법원에서는 고민할 것도 없이 바로 우리 국내 실정법을 적용하면 그만이다. 이러한 결론은 國籍을 連結點으로 인정하지 않는 것과 같으며 사실상 곤란한 점을 내포하고 있다. 물론 北韓離脫住民이 南韓에서 생활하는 가운데 생긴 法律關係에 대하여 국내법을 적용하는 것은 전혀 問題가 없다. 그러나 제3국의 장소나 北韓領域 안에서의 法律關係가 問題되었는데 우리 법원이 그 사건을 맡게 된 경우 이러한 시각을 그대로 유지하는 것은 곤란하다. 여기서 우리는 國際私法 본연의 의미를 한번 짚고 넘어가야 할 것 같다. 우리가 涉外的 法律關係에 대하여 각기 다른 어느 법에 연결시키는 것은 바로 그 당사자가 그 법을 적용받아야 할 이익을 고려해서이다. 따라서 나중에 생길 수도 있는 일인데 예를 들어 北韓대표부의 일원으로 南韓에 상주하는 사람의 私法的인 관계가 南韓 주민과의 사이에서 問題될 때에 그 北韓人이 자신의 법을 적용받아야 할 이익을 전혀 고려받지 못한다는 것은

---

38) 석동현, 국적법의 헌법적 문제점에 관한 연구, 1998, 서울대 석사학위논문, 99-101면.

39) 석동현, 앞 논문, 100면. 뿐만 아니라 재일 조총련동포의 경우에도 대한민국의 국적을 갖기를 원하면 국적법의 규정에 따르는 것이 아니라 우리 공관에서 재외국민등록법에 의하여 등록절차를 마치면 곧바로 국내에 호적을 편제할 수 있는 것도 마찬가지 논리에 근거한 것이라 한다.

인정할 수 없는 일이다. 특히 그는 北韓籍을 완강히 유지하고 있는 경우일 것이다. 뿐만 아니라 南韓 住民이 北韓을 방문하여[40] 私法的인 問題가 생길 여지가 있다. 이 때에 北韓籍은 인정하지 않으므로 언제나 획일적으로 南韓의 법만을 적용한다는 것은 北韓私法을 적용받기를 원하는 北韓住民이 있다면 그에게는 얼마나 형평성이 없는 일인가. 따라서 우리는 다른 해결책을 찾아야 할 것이다.

2. 常居所 또는 住所

앞에서 본 것처럼 國籍이 南北韓 사이에서 의미가 있는 連結點이 될 수 없다면 다른 해결책을 찾게 되는데 그 해결책으로서 가장 좋은 것은 물론 南北韓 사이의 협약에 의하여 南北韓 사이에만 적용되는 간접규범이나 직접규범을 설정하는 것이다. 南北韓 어느 쪽도 상대방의 國籍을 인정하지 않는 이런 상황은 독일의 예와도 다른 것이라고 할 수 있다. 동독은 동독의 독자성을 내세우기 위하여 1967년 공민권법(Staatsburgerschftsgesetz vom 20. Februar 1967)을 제정하여 동독주권의 표상으로서 의식적으로 서독과 다르게 國籍을 취급하였던 것이다.[41] 반면에 서독에서는 앞에서 본 것처럼 하나의 독일 國籍만을 인정하고 있다. 그렇지만 동서독은 통일 전까지 양독간에만 적용되는 간접규범이나 직접규범을 合意 제정한 바가 없다.[42] 南北韓의 경우보다 훨씬 더 많은 교류가 있었음에도

40) 남북교류협력에관한법률에 따르면 협력사업이나 교역으로 남한 주민이 북한을 왕래하는 것이 전제되어 있다.

41) 동법 서문에 "동독의 건국과 더불어 동독의 공민권이 생성되었다"고 규정하고 있다.

42) 오수근 교수는 "남북한간의 국제사법적 문제"의 논문에서 "최선책은 섭외사법적 해결방안에 의존할 것이 아니라 가족관계, 상거래, 불법행위 등 각 사항별로 남북한간의 섭외사건에 적용될 실질사법을 제정하는 것이 합당하다"고 주장한다(동 논문, 575면).

불구하고 그러한 규범의 제정이 없었던 것은 동독의 경우에는 問題가 되지 않았기 때문이고[43] 서독의 경우에는 '동독'이라는 國籍을 인정하지 않고 '하나의 독일'의 國籍을 인정하였기 때문에 동서독 어느 법을 적용하여야 하는 것이 問題되는 경우 일종의 법분열국으로서의 '하나의 독일'을 상정하였기 때문이 아닌가 한다. 즉 서독에서는 일국에 법의 분열이 있는 것으로 보고 일종의 準國際私法的인 처리를 한 것이 아닌가 한다. 따라서 이 경우에는 本國法이 아니라 住所地法을 적용하는 형태가 된 것이라고 볼 수 있다. 우리 법원의 태도는 통일 전의 서독과 유사한 것으로 평가되는데 그렇다면 우리의 問題 해결에 있어서도 이러한 방법이 유용한 것이 아닐까 한다. 다만 오늘날의 추세로 본다면 住所 대신에 常居所 개념을 전면에 등장시키는 것이 일반적이다. 물론 주소개념의 다의성을 생각한다면 주소 대신에 상거소를 連結點으로 하는 것이 타당하나 우리 법상으로는 주소나 상거소나 의미상으로는 같으므로[44] 여기서는 일단 住所를 連結點으로 하는 것이 타당할 것이다. 그렇다면 실제로 이렇게 처리하게 될 사안들은 어떤 것들이 있을까? 우선 行爲能力, 限定治産 및 禁治産의 原因 判斷, 婚姻의 成立要件, 夫婦財産制, 離婚, 親生子, 認知의 要件, 入養 및 파양, 親子間의 法律關係, 부양의무, 친족관계, 後見, 相續, 遺言의 경우가 本國法이 적용되는 때이므로 이러한 때에 住所地法을 적용하는 것이 하나의 방편이 될 수 있지 않을까?

3. 公 序

주소지법으로서 北韓法을 적용하게 된다고 하여 아무런 問題가

43) 동독에서는 서독도 외국으로 취급하므로 국제사법을 적용하면 그만이기 때문이다.

44) 최흥섭, "국제사법에서 일상거소의 의미와 내용", 국제사법연구 제3호, 1998, 536면.

없는 것은 아니다. 北韓의 법들은 사회주의 이념을 구현한다는 명목 하에 거의 모든 법에 사회주의적 질서를 강조하고 있다. 따라서 우리 법원이 주소지법으로서 北韓法을 적용하게 될 때에 이러한 사회주의에 입각한 법조항들을 우리의 公序條項에 따라 배제하게 될 가능성이 있는 것이다.[45] 그러나 私法領域에서는 그러한 조항들이 아무리 사회주의 이념을 반영하고 있다고 하더라도[46] 그 적용을 배제하는 것은 곤란한 일인 것이다. 그들의 法適用利益을 보장하는 것이 타당한 일일 것이다. 일반적으로 보더라도 公序條項의 적용에는 엄격한 한계를 설정하여야 하는 것이 타당한데 體制가 다른 곳의 법을 적용한다고 하여 그 모든 것이 公序에 어긋나는 것으로 볼 수는 없는 것이다. 더군다나 민사법영역에서는 우리의 公序를 해치는 그런 규정이 그렇게까지 있는 것 같지도 않다.

4. 在日韓國人의 屬人法

우리의 國籍法에서나 北韓의 國籍法에서나 모두 在日韓國人에 대하여 自國人으로 인정하고 있다.[47] 특히 北韓은 國籍單一主義에 관한 규정을 두고 있지 않으므로 外國國籍 취득자도 당연히

---

45) 오수근 교수도 이 점을 고려하고 있다. 동 논문, 573면.

46) 예를 들어 북한 가족법 제9조 제1항은 "조선민주주의인민공화국에서 결혼은 남자 18살, 여자 17살부터 할 수 있다." 제2항은 "국가는 청년들이 조국과 인민을 위하여 사회와 집단을 위하여 보람있게 일한 다음 결혼하는 사회적 기풍을 장려한다."고 규정하고, 제13조 제1항에서 "이 법 제8-10조에 위반하는 결혼은 무효이다." 제2항은 "결혼의 무효인정은 재판소가 한다." 제14조는 "무효로 인정된 결혼은 처음부터 이루어지지 않은 것으로 한다. 그러나 자녀양육문제는 이 법 제22조, 제23조에 의하여 해결한다."고 규정한다.

47) 북한의 국적법에서는 국적자의 범위규정을 두고 있는데, "조선민주주의인민공화국 창건 이전에 조선의 국적을 소유하였던 조선인과 그의 자녀로서 본법 공포일(1963.10.9.)까지 그 국적을 포기하지 않은 자"와 "외국인으로서 합법적 절차에 의하여 조선민주주의인민공화국 국적을 취득한 자"를 국적자로 하고 있다. 특히 앞 부분을 최초국적자라 한다(괄호 속 날짜는 필자 표기).

國籍을 상실하는 것은 아니다. 그러니까 법리상 南韓國籍者나 해외교포 역시 北韓國籍者의 범위에 포함시키고 있는 것이다. 양측의 시각을 고려한다면 外國의 법원에서는 어느 國籍을 인정하여도 상관없는 일이 된다. 특히 일본에서는 이런 점이 일찍이 問題되어 연구의 대상이 되었다. 그러나 在日韓國人에 대하여는 오히려 다른 관점에서 접근하는 것이 타당할 것이다. 일시적으로 일본을 방문한 것이 아니라면 在日韓國人에게는 屬人法으로서 本國法을 적용하기 보다는 상거소지법으로서의 일본법을 적용하는 것이 타당한 결론을 낳을 것이다.[48]

Ⅲ. 結

南北韓 사이에 앞으로는 상당히 많은 교류가 있을 것으로 예상된다. 이제까지는 한정적으로 교류가 있었다면 앞으로는 보다 확대된 범위에서 교류가 있을 것이다.[49] 이제는 이러한 私法的 問題領域에서는 앞에서 논의한 바와 같이 우리는 보다 열린 태도를 보여야 할 것이고 따라서 北韓法을 準據法(住所地法 또는 常居所地法)으로서 적용하게 되는 것을 받아들일 수밖에 없을 것이다. 물론 개개의 問題에 적용할 직접적인 규범을 개개의 경우마다 설정하는 것도 하나의 방안이 될 수 있을 것이다. 그렇지만 그보다는 南北韓 사이의 國際私法的인 問題에 대하여는 일종의 準國際私法의 영

---

48) 이호정, “재일한국인의 속인법”, 국제사법연구 창간호, 1995, 30면 이하. 다만 이 교수님은 해석론으로서가 아니라 입법론으로서 재일한국인 3세 이후에 대하여만 이런 식의 접근을 하자는 견해이다.(동, 41면)

49) 1998.10.26. 중앙일보 보도에 따르면 평양 옥류관의 분점을 서울에 개설하는 것이 합의되었다고 한다. 이것은 일종의 프랜차이즈계약이 되며 따라서 그 계약의 효력 등에 대하여 문제가 있을 때에 어느 법에 준거하여야 하는가 하는 문제가 제기될 것이다. 뿐만 아니라 종업원도 북한에서 파견된다고 하는데 그것은 보다 많은 준국제사법적 문제를 앞으로 낳을 수 있다고 본다.

역으로 보고 住所地法을 準據法으로 적용하는 것이 보다 좋은 해결이 될 것이다. 이것은 입법론이 아니라 해석론으로서 가능한 일인 것이라고 생각한다.[50)]

50) 이 글의 발표 후 종전의 섭외사법이 전면개정되어 "국제사법"이 탄생하였다. 신법에서는 주소지법을 폐기하고 "상거소지법"을 전면적으로 채택하였다. 따라서 이 글에서 "주소지법"을 해결책으로 내세우는 부분은 모두 "상거소지법"으로 바꾸어야 현재 타당한 내용이 된다.

제 2 장 남북한 주민 사이의 가족법적 문제

[목 차]

Ⅰ. 서론

광복 55주년이 되던 지난 해 8월 15일, 남북 이산가족 상봉이 있었을 때 기막힌 사연의 부부가 소개된 적이 있다. 한국전쟁 때에 북한에서 남으로 내려온 두 사람이 만나 부부의 연을 맺었으나 각각 북에 두고 온 배우자 때문에 2세는 갖지 말자고 약속하여 그대로 지킨 채 살아온 부부이다.[1] 이들은 事實婚關係로 살아왔기에 이들 사이에 相續問題는 생기지 않는다.[2] 그러나 이산가

* 이 글은 비교사법 제8권 2호(2001.12.) 639면-664면에 실려 있다.

1) 중앙일보 2000년 7월 28일 23면(10판).

2) 사실혼관계의 부부에게는 법적인 相續權이 없다는 것이 판례 학설의 태도이다.

족을 둘러싸고 현재 소를 제기하려는 단계에 있는 경우도 있다.[3] 즉 북한의 부인이 남한의 남편을 상대로 남편의 再婚을 취소하는 소를 대리인을 통하여 제기하려는 것이다. 이 사건이 법원에 제소된다면, 남북한 주민 사이에 重婚問題로 법적 쟁송이 되어 본격적으로 법원의 판단을 받게 되는 첫 사례가 될 것이다. 물론 이 사건의 본질은 相續問題인 것으로 판단되는데 그 전제로서 重婚問題가 제기된 것으로 보인다.[4] 이 사건은 남북의 이산가족이 재결합하게 된다면 부딪히게 될 문제들을 보여주고 있다. 즉 앞으로 이산가족 사이에 重婚問題와 그밖에 相續 등의 문제가 중첩되어 소송이 벌어질 가능성이 상당히 높다.

먼저 이들 사이에 적용할 준거법을 어떻게 결정할 것인가 하는 문제를 논하는 것이 올바른 순서가 될 것이다. 물론 이 경우에는 남북한 사이의 관계를 어떻게 볼 것인가 하는 문제가 제기된다.[5] 이 관점에 따라 문제의 해결이 달라지게 될 것이다. 또 최근에

---

3) 중앙일보 2000년 7월 31일 23면(42판).

4) 북한에서 결혼해 3남2녀를 둔 S씨의 선친은 전쟁 중 장남 S씨 등 두 아들만 데리고 월남해 다시 결혼해 아들과 딸을 낳았다. 선친은 남한에서 1백억원대의 재산을 모았지만 새 부인과는 불화 끝에 별거했다. S씨측은 "부친은 생전(生前)에 북에 두고온 가족을 그리워해 '남은 재산을 북에 있는 가족에게 주겠다'며 60억원대의 재산을 따로 챙겨뒀다"고 밝혔다. 하지만 1999년 9월 S씨의 이복동생들은 30억원 상당의 부동산의 소유권이전등기를 해버렸다. 이들은 "아버지가 적법한 절차로 우리들에게 부동산을 증여했다"고 주장했다. 결국 S씨 부친은 2000년 5월 남한에서 낳은 자식들을 상대로 부동산을 돌려달라는 소송을 냈다. 그러나 한달 뒤인 6월 부친은 숨졌고 S씨의 숙부가 특별대리인 지정을 받아 소송을 계속하고 있다. S씨는 10년 전부터 북한과 꾸준히 접촉을 시도한 끝에 가족들이 모두 생존해 있음을 확인했다고 한다. 그 이후 계속 서신왕래를 해오다 1999년 10월에는 통일부의 승인을 받아 방북해 친어머니와 동생들을 극적으로 만나기까지 했다. S씨는 "친어머니의 위임장을 받는 문제는 상당히 진전돼 있는 상태" 라며 "어려움은 있겠지만 아버지와 어머니가 북한에서 부부였다는 북한 관리의 확인서까지 첨부해 혼인무효 소송을 제기하겠다"고 말했다.

5) 졸고, "남북한 사이의 국제사법적 문제", 「국제사법연구」 제4호(1999), 171면 이하 참조.

북한은 우리의 국제사법에 해당하는 "대외민사관계법"을 제정하여 시행하고 있다.[6] 따라서 이러한 문제가 북한에서 제기된다면 어떤 결론을 내리게 될 것인가 하는 문제도 관심의 대상이지만 이 글에서는 논의하지 않기로 한다. 여기서는 우리의 법원에서 어떻게 판단하여야 하는가 하는 문제를 중심으로 논의하기로 한다. 논의를 전개함에 있어 우선 이러한 문제를 해결하는 출발점으로서 준거법 선택을 어떻게 할 것인지를 전반적으로 살펴보고 그 다음에 개별적인 문제인 重婚, 相續, 親子關係 등에 접근하기로 한다.[7]

Ⅱ. 준거법 결정의 문제

1. 南北韓關係의 法的 性格

(1) 대법원의 태도

南北韓 주민 사이의 法律問題에 대하여 우리 대법원이 직접 판단을 한 경우는 아직까지 한 번도 없다. 따라서 北韓의 法的 地位를 대법원이 어떻게 보고 있는지는 현재까지 나온 형사판결과 행정사건 분야의 판결들을 살펴보고 판단할 수밖에 없다. 대법원은, 헌법 제3조의 영토조항에 따라 대한민국의 영역은 한반도와 부속도서이므로 북한은 반국가단체이고 그것은 國際法과는 전혀 다른 원리에 기한 것이라는 판단을 하고 있다. 한국전쟁 전의 판결로, 北韓內에서 통용되는 소련군표의 위조사건에 대하여 이는 내국에서 유통되는 外國의 지폐에 해당한다라고 하여 北韓도 한국의 영토라는 것을 전제로 "내국에서"라는 표현을 사용하였다.[8]

---

6) 1995.9.6. 최고인민회의 상설회의 결정 제62호 조선민주주의인민공화국 대외민사관계법(본서의 부록 편 참조).

7) 호적정리문제도 있지만 실체법상 문제가 아니므로 여기서는 논의하지 않는다.

그 후의 판결에서도 이러한 태도는 그대로 유지되고 있다.[9] 다만 간첩죄의 적용에 있어서만 北韓을 國家에 準하여 취급한다는 견해를 보이고 있다.[10]

憲法裁判所도 크게 다르지 않은 태도를 보이고 있다. 1991년 12월 13일 南北韓의 정부당국자가 南北合意書(정식명칭은 "남북 사이의 화해와 불가침 및 교류 협력에 관한 合意書")에 서명하였고 1992년 2월 19일에 이 合意書가 발효되었는데 이 合意書의 채택 발효 이후에도 "北韓이 여전히 적화통일의 목표를 버리지 않고 각종

8) 대판 1948.3.24, 4281형상10, 대판 1948.3.31, 4280형상210.

9) 憲法의 영토조항이 한반도와 부속도서를 영토로 하고 있으므로 北韓傀儡集團은 憲法上 反國家團體로서 國家로 볼 수 없다는 입장을 견지하고 있다. 즉, 북한을 국가보안법상의 반국가단체로 판단하고 있다. 대판 1990.9.25, 90도1451은 "헌법 제3조의 법리상 이 지역에서는 대한민국의 주권과 부딪치는 어떠한 국가단체도 인정할 수가 없는 것이므로 비록 북한이 국제사회에서 하나의 주권국가로 존속하고 있고 우리 정부가 북한당국자의 명칭을 쓰면서 정상회담을 제의하였다 하여 북한이 대한민국의 영토고권을 침해하는 반국가단체가 아니라고 단정할 수 없다"라고 한다. 이러한 태도는 그 뒤의 판결에서 계속 이어진다(예를 들면 대판 1990.9.25, 90도1586, 대판 1991.4.23, 91도212, 대판 1991.12.24, 91도2419, 특히 전원합의체 판결인 대판 1992.3.31, 90도2033은 "객관적으로 반국가단체"라고 한다. 그 후에도 대판 1992.8.14, 92도1211, 대판 1992.8.18, 92도1244, 대판 1993.2.9, 92도1711, 대판 1993.9.28, 93도1730, 대판 1993.10.8; 93도1951).
대법원은 나아가 北韓法의 규정에 따라 北韓國籍을 취득하여 北韓의 해외공민증을 발급받은 자라 하더라도 北韓地域 역시 대한민국의 주권이 미치는 곳이므로 조선인을 부친으로 하여 출생한 자는 남조선과도정부법률 제11호 國籍에관한임시조례의 규정에 의하여 조선國籍을 취득하였다가 憲法의 공포와 더불어 동시에 대한민국의 國籍을 취득한다고 한다(대판 1996.11.12, 96누1221. 이 사건은 북한인이 중국으로 이주한 후 중국주재 대사관에서 해외공민증을 발급받고 중국에서 외국인거류증을 발급받아 중국여권으로 한국에 입국하였다가 외국인으로서 불법체류자로 되어 강제퇴거명령을 받아 이에 처분무효확인소송을 낸 사건이다).
또 저작재산권에 대한 판단에서도 저작권법이 北韓에도 미치므로 월북·납북작가들의 작품에 대하여 "당연히 그 저작권자나 그 相續人들로부터 저작재산권의 양수 또는 저작물 이용 허락을 받아야" 한다고 한다(대판 1990.9.28, 89누6396).

10) 대판 1983.3.22, 82도3036 등.

도발을 자행하고 있으며 南北韓의 정치 군사적 대결이나 긴장관계가 조금도 해소되지 않고 있음이 엄연한 현실인 이상, 北韓의 反國家團體性"에 아무런 변화가 없다고 한다.[11]

이러한 시각에서는 憲法뿐만 아니라 다른 법률(판례에서 예를 들면 저작권법)도 北韓에 효력을 미치므로 私法的인 問題에도 오로지 우리 법을 적용하면 된다는 생각으로 이어질 수 있겠다. 따라서 그 생각을 연장하면 涉外的인 法律關係라는 것을 對 北韓관계에서는 인정할 여지가 전혀 없다고 보고 있는 것이 아닌가 한다.[12]

(2) 독일의 경우

1989년 11월 9일 베를린의 장벽이 무너지고 1990년 10월 3일 독일이 통일되기[13] 전까지의 동독과 서독의 경험은 우리에게 많은 것을 말해 줄 수 있을 것이다.[14] 2차대전후 동독은 소련법을 모델로 하는 사회주의법을 갖게 되어 서독과는 다른 사법체계를 지니게 되었다.[15] 그러나 서독은 연방법체계로서 하나의 독일을

11) 헌재 1993.7.29, 92헌바48 결정, 헌재 1997.1.16, 89헌마240 결정.

12) 제성호, "남북이산가족의 재결합에 따른 법적 문제점과 해결방안", 「통일원91연구논문」, 28-29면에서는 남한 지역내에서의 북한사법의 효력을 부인하고 있다. 헌법 제3조가 존재하는 한, 준국제사법적인 해결도 인정하기 곤란하다고 한다.

13) 이후 독일의 국경일은 10월 3일이 되었다.

14) 오수근, "남북한 교류에 따른 준국제사법적 문제해결을 위한 서론적 연구 －독일의 경험을 중심으로－", 「북한 · 통일연구논문집(VI) : 교류 협력 분야」, 통일원, 1990년; 동, "남북한간의 준국제사법적 문제", 「국제사법연구」 제3호(1998), 560면.

15) 종전 후 독일의 국토는 승전국들에 의해 분할 점령되었으며, 주권은 엄격하게 제한되어 있었다. 대표적인 예로 서독은 1955년까지 외무부를 가질 수 없었다(1954년 파리협정에 조인하고 1955년 유럽공동체와 북대서양조약기구에 가입하면서 외교권을 회복하였다). 외교권은 국가주권의 핵심사항인데, 외교를 담당할 부서가 없었다는 사실은 주권의 제한을 설명해줄 가장 적합한 예라 할 것이다. 그리고 1949년 5월 23일 기본법이 공포되고 (정식으로는 9월 21일) 독일연방공화국(Federal Republic of Germany(West))이 출

전제로 하는 法體系를 갖고 있어[16] 동독과의 관련이 있는 私法關係에 어느 법을 적용해야 할 것인지가 問題되었다.[17] 먼저 서독에서는 동독의 法的 地位를 어떻게 판단하는지를 살펴본다.[18] 서독 11개주[19]에만 1949년 5월 24일 발효된 基本法이 적용되게 되었다. 그런데 명칭에서 보다시피 '憲法'으로 되어 있지 않고 '基本法'이라고 되어 있고 基本法 제146조에서 나중에 憲法이 제정

범하였다. 동독은 조금 뒤인 10월 7일에 독일민주공화국(German Democratic Republic(East))을 수립하였다.

16) 독일의 통일 방식 역시 동독 지역이 독일연방에 가입하는 형태로 이루어졌다. 그것은 우리 헌법과는 다르게 독일 기본법이 영토조항을 두지 않았고 따라서 기본법의 효력범위에 대하여 크게 논란이 되지 않았다. 독일이 후에 통일될 것을 전제로 기본법의 효력범위를 한정한다든가 또는 동독에까지 효력이 미친다는 규정을 두지 않았다. 그러나 독일은 한 민족 한 나라라는 생각을 서독은 버리지 않았다. 반면에 동독은 서독과의 별개성을 강조하는 입장이었다.

17) 동독은 그 자신의 국적법을 별도로 갖고 '동독국적'을 주고 있으나 서독은 종전전의 국적법에 따라 '독일국적'을 줄 뿐 '서독국적'을 주는 것이 아니므로 서독에서는 동서독의 국적 구별이 인정되지 않는다고 할 수 있겠다. 따라서 서독에서는 동서독 간의 사법적 법률관계에 대하여 하나의 준국제사법적 문제로 보는 것이 일관성이 있는 입장일 것이다(반면에 동독은 서독을 외국으로 보기 때문에 국제사법문제로 파악하는 것이 역시 논리적이다). 이 점은 북한의 법체제를 인정하지 않는 우리 대법원의 입장과는 다르다고 할 수 있다. 즉 우리 대법원은 대판 1996.11.12, 96누1221에서 조선국적 취득 후 북한법에 의하여 북한국적을 취득한 경우 대한민국 국민이라고 하고 있다. 따라서 만약 남북한간에 사법적 법률관계가 문제되어 국적이 연결점이 된다 하더라도 북한인에 대하여 북한법을 적용한다는 것은 있을 수 없는 일로 판단할 것이다.

18) 본고에서는 북한에서 우리 한국을 법적으로 어떻게 평가하는지에 대하여는 고찰하지 않는다. 우선 자료도 미약하거니와 실익의 면에서도 당장 우리 법원이 남북한 사이의 섭외적 법률관계에 대하여 어떻게 판단할 것인가에 더 관심이 있기 때문이다. 따라서 본고에서는 동독에서 서독을 어떻게 평가하고 있었는지 역시 간단히 살피는 정도에 그친다.

19) 오수근 교수의 "남북한간의 준국제사법적 문제", 「국제사법연구」, 제3호(1998), 562면에서는 12개주로 소개하고 있으나 이는 인쇄상의 잘못으로 보인다. Baden- Wurttemberg, Bayern, Hessen, Nordrhein-Westfalen, Rheinland-Pfalz, Schlewig-Holstein, Berlin, Hamburg, Niedersachsen, Saarland, Bremen 이상 11개주가 독일연방공화국(서독)이고, Brandenburg, Mecklenburg-Vorpommern, Sachsen, Sachsen-Anhalt, Thuringen 5개주는 독일민주공화국(동독)이다.

되는 때에 基本法을 失效시키는 규정을 하고 있다.[20] 즉 그 기본법의 효력이 잠정적임을 미리 밝히고 있는 것이다.[21][22] 그러니까

---

20) 반면에 동독헌법은 동독을 서독과는 구별되는 완결된 하나의 국가로 표현하고 있다. 이점에서도 남북한의 입장과는 차이가 있다. 한국헌법은 북한영역에까지 효력이 미치는 것으로 규정하고 있고, 북한헌법 역시 추상적이긴 하나 남한을 '해방하여야 하는 곳'으로 인식하고 있어 서로를 하나의 국가로 인정하지 않고 있다. 이것은 서독이 동독을 하나의 독일 아래 있으나 그 독일에 가입한 서독과는 달리 아직 가입하지 않은 다른 단체로 인식하는 태도와도 다르고 동독이 서독과는 별개의 국가임을 규정하는 태도와도 다르다.

21) 초대총리인 아데나우어가 독일통일을 위하여 보인 태도는 음미할 만하다. 그는 서유럽통합에 적극적인 자세를 보였는데 그 이유는, 독일이 나치범죄의 멍에를 벗고 이웃 국가들의 불신과 두려움을 불식시키면서 번영하기 위해서, 그리고 군사적 피점령국의 상태에서 국제사회에서 동등한 주권국가로의 조속한 회복은 서유럽에 굳건하게 독일이 통합됨으로써만이 가능하다고 판단했기 때문이다. 또한, 그럼으로써만이 독일의 통일이 가능하다고 그는 믿었다. 즉, 유럽통합을 통해 독일문제를 해결하지 않고서는 독일통일은 단지 비운의 역사가 반복될 따름이라고 보았던 것이다. 독일의 극단적인 민족주의 전통을 유럽이념으로 대체하고, 그 위에서 독일통일을 달성해야 한다는 견해였다. 그의 입장에서는, 서독에 주어지지 않고 유보된 주권은 회복될 민족국가를 위해 되찾아지는 것이 아니라 통합된 서유럽에 이관되는 것이었다. 반면에 SPD 지도자 슈마허는 이에 반대하여 독일 민족국가의 이와 같은 목표를 비판하였다. 그는 연합국측에 유보된 주권이 '핵심국가 또는 主國家'로 이해되는 연방공화국에 이관되도록 모든 노력을 기울여야 한다고 생각했다(고딕강조는 필자. Andreas Hillgruber, 「Deutsche Geschichte 1945-86- Die deutsche Frage in der Weltpolitk」, 손상하 역, 「독일현대사 1945-1986」, 1991, pp49-50). 서독과 동독 위에 하나의 독일이라는 존재가 있다라고 하는 생각은 그 후 독일의 통일에 있어서 기본적인 사고로 자리잡게 된다.

아데나워의 서유럽통합정책을 이어받은 Brandt는 할슈타인정책을 포기하고 1민족 2국가를 인정하는 동방정책을 취했다. 대표적인 예가 UN가입이다. 브란트의 정책은 동·서독 분단의 현실(status quo)을 인정하는 것이었고, 동시에 분단의 극복을 위한 대장정이었다. 영구 분단을 상징하는 듯한 UN 가입 이후 서독은 이후 장기적 통일정책을 추구하는데 있어서 좀더 능동적이고 자유롭게 임할 수 있는 국제적·국내적 여건을 조성할 수 있었다.

22) 그러나 아직 헌법을 제정하지 않고 있다. 1990년 3월10일 동독지역에서 자유선거를 치루어 기독교민주당이 압승하고, 4월23일 동독에 비공산연립내각이 수립되어 동독헌법의 개헌 조건을 갖추고 5월 18일 본에서 국가조약이 체결되었다. 1990년 9월 12일 모스크바에서 열린 2+4 외무장관 회의에서 최종규정 조약이 조인된데 이어 마침내 10월 3일 분단 41년만에 하나

서독의 기본적인 태도는 하나의 독일 아래에 서독과 동독이 있다고 하는 것이다. 즉 서독에게 동독은 外國이 아니라고 할 것이다. 따라서 서독에서는 동서독 사이의 涉外的 法律關係를 準國際私法的인 問題로 파악하는 것이 논리적인 것이다. 連結點으로서의 國籍에 대하여도 마찬가지의 견해를 보이게 된다. 즉 서독에서는 동독의 國籍이 外國國籍이 아니라 하나의 독일 아래의 部分國家의 國籍을 갖고 있는 것에 그친다. 반면에 동독은 서독을 外國으로 보고 있으므로 동서독 사이의 涉外的 法律關係는 國際私法問題가 되고 서독인을 外國人으로 보게 되는 것이다. 이것은 동독과 서독이 1972년 12월 21일 基本條約을 체결하여 두 개의 國家의 존재를 서로 인정하였음에도 불구하고 서독이 여전히 동독은 하나의 독일 아래 있는 部分國家라는 시각을 유지하였음을 말해주는 것이다.[23] 따라서 本國法을 準據法으로 선택해야 하는 경우

의 독일이 탄생했다. 동독의 5개주가 기본법 제23조에 의하여 독일연방공화국에 가입한 것이다. 즉 이로써 동독 영역에 기본법의 효력이 미치게 되었다고 본다.

23) 오수근, "남북한간의 준국제사법적 문제", 「국제사법연구」, 제3호(1998), 562면에서는 1973.7.31.의 독일연방헌법재판소의 판결(이 사건은 Bayern주가 동서독기본조약의 합헌성여부에 대하여 소를 제기한 건이다. Grundvertragsurteil이라고 불린다. BverfGE 36, 1ff.)을 인용하여 이러한 인식을 밝히고 있다. 그 판결중 "... 단일한 국민과 영역을 가지고 조직화되지 않았기 때문에 '행위능력을 가지지 않으나 아직도 계속 존립하고 있는 전체 독일국가의 부분'인 두 국가간의 조약..." 부분은 이러한 인식을 나타내고 있다(고딕강조 필자). 이 판결은 독일제국 존속의 이론적 근거로서 권리능력과 행위능력의 구분을 전제로 '존속하는 독일'은 항상 권리능력을 갖고 있으나 완전국가로서 조직 특히 제도화된 기관이 흠결되어 행위능력은 갖지 못한다고 한다. 특히 판결중 "독일연방공화국(서독)은 새로이 건국된 것이 아니라 계속 존재하는 독일제국의 새로운 조직이며 또한 독일제국의 법적 승계자일 뿐만 아니라 국가로서 독일제국과 동일－다만 그 영토적 외연과 관련하여 부분적으로 동일－하다"는 부분은 전체로서의 고유한 주민이 속하는 국제법주체로서의 독일제국이라는 통일적인 국민개념과 전체로서의 고유한 영토가 귀속되는 독일제국이라는 통일적인 영토개념을 인정하고 있는 것이라고 한다(허전, "남북기본합의서와 헌법", 「법학연구」, 제5권(1993), 충북대 법학연구소, 187면).

에, 동독에서는 國籍을 連結點으로 사용하는 데에 아무런 지장이 없는데 비하여 서독에서는 國籍을 連結點으로 사용하는 것이 논리상 곤란하다. 즉 동서독 사이의 涉外的 私法關係를 準國際私法的인 問題로 보는 한, 國籍이 아닌 다른 連結點이 등장해야 하는 것이다. 이때에는 장소적으로 법의 분열이 있는 나라로서 전형적인 準國際私法問題가 되므로 常居所地法이 準據法으로 등장하게 될 것이다.[24)]

(3) 南北基本合意書의 태도

남북총리를 대표로 하는 남북 고위급 회담이 90년 9월 시작되어 91년 12월13일 서울에서 제5차 회담이 열렸고 여기에서 '南北韓 사이의 화해와 불가침 및 교류 협력에 관한 合意書'(이하 '南北合意書'라 한다)가 채택, 서명되었다. '南北合意書'는 서문 및 남북화해 · 남북불가침 · 남북교류협력 등 3개부문, 그리고 수정 · 발효항목으로 구성되어 있다. 이 합의서는 92년 2월18일 평양에서 열린 제6차 고위급회담에서 合意書 문건을 정식 교환함으로써 효력이 발생되었다. 그 후 남북은 92년 9월17일 평양에서 열린 제8차 고위급회담에서 '南北合意書'에 따른 화해 · 불가침 · 교류협력 등 3개 '附屬合意書'를 양측 총리의 서명을 거쳐 발효시켰고, 동시에 화해공동위 구성 운영에 관한 合意書도 채택, 발효시켰다. 이로써 '南北合意書'의 실천기구인 화해 · 군사 · 경제 · 사회문화 등 4개 공동위가 본격 가동돼 '南北合意書'가 실천단계에 들어갈 수 있게 됐다. 그러나 92년 12월21일 개최키로 한 제9차고위급회담이 무산됨으로써 이산가족교환사업 및 核相互查察問題 등의 쟁점들이 타결되지 못하고 있다. 그렇지만 이 '南北合意書'는 이제까지의 南北韓이 상대방에 대하여 취한 법규정과는 전혀 다른 입장을 취하고

---

24) 물론 이를 대비한 준국제사법의 법률이 서독에 없었다. 따라서 학설상 상거소지법이 준거법이 될 것이라는 유력한 견해가 있을 뿐인 것이다.

있다. 우선 '南北合意書'의 문면상의 의미를 중심으로 논의한다.

'南北合意書'의 전문에서 "남과 북은 ... 쌍방사이의 관계가 **나라와 나라 사이의 관계가 아닌** 통일을 지향하는 과정에서 잠정적으로 형성되는 특수관계라는 것을 인정하고 ..."라고 규정하고 있다(고딕강조 필자). 따라서 '南北合意書'에 따르면 南北韓關係는 國家간의 관계가 아니라 민족 내부의 특수관계로 보고 있다. 이 점은 문면상으로 보면 서독의 시각과 비슷한 것이다. 서독은 우선 서독 그 자신이나 동독이나 모두 하나의 독일 아래 있는 部分國家라고 보고 있다. '南北合意書'도 南北韓이 1民族, 1國家, 2政府, 2體制[25]라는 입장을 취하는 것으로 보인다.[26] 더군다나 南北韓이 1991.9.17. 유엔에 동시가입한 이후에는 서로의 體制를 인정할 수 밖에 없는 처지에 놓이게 되었다.[27] 그러나 우리 憲法上으로 본

---

25) 1국가 2체제론과 1국가 2정부론은 서로 다른 것이다. 1국가 2체제론은 중국(대륙)이 홍콩에 대하여 취한 입장이며 현재도 그대로 유지하고 있다. 이 것을 중국(대륙)은 대만에 대하여도 적용하고자 하였으나(1984.12.22. 중앙고문위원회에서 등소평이 제안) 자유중국(대만)은 이를 거부하고 1국가 2정부론을 주장하였다(1989.4.8.). 중국은 이를 2개의 중국을 노리는 것이라고 비난하였다(1989.4.12.)(법제처, 「중국과 대만의 교류법제」, 1992, 3면 이하).

26) '하나의 조선'의 논리로 대표되는 북한의 태도는 남한을 국가로서 승인하지 않으려는 의사를 표명하는 것이다. 이것은 북한을 다른 국가와 마찬가지의 국가로 인정하지 않으려는 남한의 태도와 같다. 양측의 기본입장은 각기 헌법에 나타나 있다. 앞의 본문에서도 언급한 바와 같이 남한은 헌법 제3조에서 한반도와 그 부속도서가 영토임을 표명한 것처럼 북한 역시 1972년 헌법 제5조에서 '북반부에서 사회주의의 완전한 승리를 이룩하여 전국적 기초위에서 조국을 평화적으로 통일하며 완전한 민족적 독립을 달성하기 위하여 투쟁한다'라고 규정하고 있었고, 1992년 개정된 헌법에서는 표현은 약간 부드러워졌으나 제9조에서 '조선민주주의인민공화국은 북반부에서 인민정권을 강화하고 사상 기술 문화의 3대혁명을 힘있게 벌려 사회주의의 완전한 승리를 이룩하며 자주, 평화통일, 민족대단결의 원칙에서 조국통일을 실현하기 위하여 투쟁한다'라고 규정하고 있다.

27) 국제법의 시각에서 보는 남북관계와 헌법의 시각에서 보는 남북관계 사이에 괴리가 있음을 주목하여야 한다는 견해가 있다(최대권, "한국헌법의 좌표", 「법제연구」, 제2권1호(1992), 한국법제연구원, 11면 이하). 남쪽에 대한민국이 수립되고 북쪽에 조선민주주의인민공화국이 수립된 이래 한반도에는 국제법적으로 두 개의 '사실상의 국가'가 존재하여 왔으며, 반면에 우

다면 대한민국이라는 '하나의 國家'만이 존재할 뿐이므로 南北韓關係는 國家間의 관계로 볼 수는 없으며 따라서 '南北合意書'는 국내법상 두 공법단체 사이에 체결된 협정에 유사한 것으로 개념화할 수 있을 것이라고 보면서 '南北合意書'에서 '특수관계'라고 하는 것이 바로 그러한 의미라고 보는 견해도 있다.[28]

(4) 小結

南北韓이 유엔에 동시가입하고 '南北合意書'를 체결하였는데 南北韓의 法的 地位, 보다 정확하게는 우리의 시각에서 北韓의 法的 地位에 대하여 명확한 판단을 할 필요가 있는 것은 분명하다. 대법원에서 나온 판결이나 憲法裁判所의 결정은 거의 모두 國家保安法事件 또는 국가보안법의 위헌성 여부에 대한 것이다. 앞서 이야기한 대로 우리의 사법부는 國家의 안전을 이유로 전과 다름없는 판단, 즉 北韓을 反國家團體로 인식하고 있다.[29] 특히 헌재 1997.1.16, 89헌마240 결정은 '南北合意書'의 성격에 대하여 다음과 같이 말하고 있다. "이는 한민족공동체 내부의 특수관계를 바탕으로 한 당국간의 合意로서 남북당국의 성의 있는 이행을 상호 약속하는 일종의 공동성명 또는 신사협정에 준하는 성격을 가짐에 불과하다." 이는 '南北合意書'가 국회의 批准 同意를 거치지 않은 것과도 관련성이 있는 것으로 생각된다.[30] 사실 국회의 批准同意는 상당히 중요한 의미를 갖는 바, 이러한 절차를 거쳐야 효력을 발하는 것이라면 '南北合意書'는 일반적인 條約과 다름없는

리 헌법상으로는 대한민국이라는 '하나의 국가'만이 존재하는 체제로 구성되어 있다는 것이다(인용고딕강조 필자).

28) 최대권, "한국헌법의 좌표", 12면.

29) 대판 1991.4.23, 91도212, 대판 1992.8.14, 92도1211, 헌재 1997.1.16, 89헌마240 결정, 헌재 1997.1.16, 92헌바6 결정 등.

30) 이에 대하여 언급한 문헌은 찾지 못하였다. 그러나 기본합의서의 성격을 말할 때에는 이 부분도 언급하여야 하지 않을까 한다.

것이 될 것이고 이 절차가 필요 없다면 일종의 협약 내지는 협정에 그칠 것이다. 憲法 제60조는 국회의 批准 同意를 받아야 하는 條約에 대하여 열거하고 있는데 그 중 '友好通商航海條約, 主權의 制約에 관한 條約'이 있다. 憲法 제3조의 영토조항에 불구하고 '南北合意書'를 체결한 것이므로 이는 '主權制約에 관한' 것이라 할 수도 있고, 또 '南北韓 간의 화해와 불가침 및 교류협력에 관한' 것을 다루고 있으므로 '友好通商條約'이라고도 할 수 있다. 따라서 내용상으로는 국회의 批准 同意가 필요한 것인데 이러한 절차를 거치지 않았다. 이것은 간접적으로 우리 정부 당국의 시각을 보여주는 것이라고 할 수 있다. 즉 '南北合意書'는 國家간의 條約이 아니라는 것이다.

그렇다면 北韓을 어떻게 보아야 할까? 이에 대하여는 동서독의 基本條約에 대한 독일연방憲法裁判所의 판결이 많은 시사점을 던져주고 있다. 北韓에 대한 우리의 대법원이나 憲法裁判所의 시각만 피한다면 우리는 보다 좋은 결론을 낼 수 있을 것이다. 앞에서 본 바와 같이 우리도 대한제국에서 이어지는 전통적인 고유한 영토와 주민을 갖고 있는 하나의 全體國家를 상정할 수 있다. 다만 이 全體國家는 아직 그 기관이 조직되지 않아 행위능력을 갖추지 못한 권리능력만 갖고 있는 것이다. 그리고 그 법적 승계자는 대한민국이고 대한제국과 동일성을 유지한다. 다만 영토적인 외연은 부분적으로 동일하다. 따라서 한반도의 법적 상태는, 우선 첫째로 한반도에는 대한민국과 조선민주주의인민공화국의 2개의 國家가 있고, 둘째 이 2개의 國家는 상호간에는 外國이 아니며, 셋째 대한민국은 그 憲法上 존속하는 대한제국의 새로운 조직이며 조선민주주의인민공화국은 자신의 시각에서 대한제국과의 관계를 정한다고 하는 세 가지로 요약된다고 한다.[31]

---

31) 허전, "남북기본합의서와 헌법", 「법학연구」, 제5권(1993), 충북대 법학연구소, 189면.

이렇게 法的 性格을 논하게 만든 '南北合意書'는 현재 실효적으로 이행되지 않는 상태에 있다. '민주사회를 위한 변호사모임'(이하 민변)이 '南北合意書'의 정신에 따라 독자적인 北韓住民接觸 申請을 냈다가 불허되자 통일부를 상대로 北韓住民接觸 申請 불허처분취소청구소송을 냈는데 이에 대하여 서울고법은 "'南北合意書'는 93년 1월 北韓이 남북대화를 재개할 의사가 없음을 선언한 이래 이행되지 않고 있으므로 법적 구속력을 갖지 않는다"고 하였다.[32] 이에 대하여 통일부 당국자는 "'南北合意書'가 이행되지 않고 있다는 것과 효력이 없다는 것은 다른 차원의 사안이며, 현재 '南北合意書'는 불이행의 상태일 뿐 폐기나 효력상실로 볼 수 없다"고 하였다.[33] 이러한 논란이 생긴 것은 '南北合意書'의 성격과 관련이 있다. 國家간의 條約으로서 국회의 批准 同意를 거쳤다면 당연히 憲法에 의하여 법률로서의 효력을 지니게 되는 것이나 그러한 절차를 밟지 않았고 또 國家간의 條約으로도 보지 않으므로 '南北合意書'의 法的 性格은 애매모호하게 된 것이다.[34] '南北合意書'의 이행에 대하여 현 정부의 '단계적 이행 추진'이라는 발표는[35] 사실상 아직 '南北合意書'가 살아 있음을 전제로 하는 것이고, 또한 北韓이 '南北合意書'의 불이행책임을 아직 언급하고[36] 있으므로 북한도 같은 태도를 취하는 것으로 보인다.[37]

32) 민변이 96년 8월 회원들로부터 모금한 1천만원을 북한적십자측에 전달하고자 통일부에 북한주민접촉신청을 냈다가 정부방침에 어긋난다는 이유로 불허되자 헌법상 포괄위임금지원칙과 기본합의서의 평화통일원칙에 어긋나는 처분이라며 소를 제기한 사건에 대한 판결이다(서울고법 1998. 7. 26. 특별7부).

33) 동아일보 1998.7.29.

34) 판결에서 신사협정이니 공동성명이니 하는 언급을 보인 것을 상기하라(헌재 1997.1.16, 89헌마240 결정).

35) 1998.2.18. 남북대화사무국에서 열린 '남북기본합의서 발효 6주년 기념세미나'에서 김석우 통일원차관의 발언(동아일보, 1998.2.18.).

36) 1997.12.13. 북한은 노동신문 논평을 통해 "남북기본합의서가 6년이 지나도록 아무런 결실을 보지 못하고 있는 것은 전적으로 남조선 당국자의" 책임이라고 언급하였다(1997.12.15. 동아일보).

2. 連結點

(1) 國籍

남북한 주민 사이의 섭외적 법률문제에 대하여 연결점으로서 우리의 국제사법에 따라 국적을 택한다면, 북한주민의 국적에 대하여 논란이 있게 된다.

憲法 제3조에 따른다면, 北韓籍을 가진 사람이나 北韓住民도 모두 대한민국 국민으로 보아야 할 것이다.[38] 이런 시각에서라면 國籍法에서 특별히 北韓住民에 대하여 규정하지 않는 것이 법논리상 당연한 일일 것이다. 즉 外國人을 대상으로 하여 그들이 대한민국의 國籍을 취득하는 절차 및 기준에 대하여 규정하는 國籍法에서 당연히 대한민국 국민인 北韓住民에 대하여 달리 규정하지 않는 것이 논리적인 것이다. 그러나 현실적으로는 北韓住民이나 北韓籍者가 국내에 호적이나 주민등록이 정리되어 있지 않으므로 탈북자나 제3국에 체류하는 北韓籍者 등이 대한민국 정부나 재외공관에 국민으로서의 처우 또는 외교적 보호를 요청하는 단계에서 入國許可問題, 호적과 주민등록 問題를 처리하는 절차나 기준을 하위법규로 정하는 것이 현실적이고 법논리적으로 타당하다고 한다.[39] 즉 北韓離脫住民의보호및정착지원에관한법률(舊 歸順北韓同胞保護法)이 대한민국의 國籍取得節次에 대하여 규정함이 없이 취적절차에 대하여만 규정하는 것도 그런 점에서 이해하여

---

37) 이번 남북 정상간의 만남을 통하여 남북간의 지위에 대하여 어떠한 합의가 있었는지 아직 밝혀진 바는 없다. 그러나 소위 "낮은 단계의 연방제"라든가 "국가연합제"의 접근에 대한 성명은 있었지만 구체적인 합의에 이르지는 않은 것으로 판단된다.

38) 대판 1996.11.12, 96누1221.

39) 석동현, 「국적법의 헌법적 문제점에 관한 연구」, 1998, 서울대 석사학위논문, 99-101면.

야 한다고 한다.[40] 이러한 태도는 서독이 통일 전에 취한 태도와 거의 다름이 없다. 즉 '하나의 독일' 아래 하나의 獨逸國籍만이 존재한다고 보는 것이다. 이러한 시각에서는 南北韓 주민 사이에 涉外的 法律關係가 問題되어 連結點으로서 國籍이 問題될 때에 우리 법원에서는 준거법의 선택에 대하여 고민할 필요도 없이 바로 우리 국내 실정법을 적용하면 그만이다. 이러한 결론은 國籍을 連結點으로 인정하지 않는 것과 같으며 사실상 곤란한 점을 내포하고 있다. 물론 北韓離脫住民이 南韓에서 생활하는 가운데 생긴 法律關係에 대하여 국내법을 적용하는 것은 전혀 問題가 없다. 그러나 제3국의 장소나 北韓領域안에서의 法律關係가 問題되었는데 우리 법원이 그 사건을 맡게 된 경우 이러한 견해를 그대로 유지하는 것은 곤란하다.[41] 여기서 우리는 國際私法 본연의 의미를 한번 짚고 넘어 가야 할 것 같다. 우리가 涉外的 法律關係를 각기 다른 어느 법에 연결시키는 것은 바로 그 당사자가 그 법을 적용받아야 할 이익을 고려하기 때문이다. 따라서 예를 들어 北韓대표부의 일원으로 南韓에 상주하는 사람의 私法的인 관계가 南韓 주민과의 사이에서 問題될 때에 그 北韓人이 자신의 법을 적용받아야 할 이익을 전혀 고려받지 못한다는 것은 인정할 수 없는 일이다. 특히 그는 北韓籍을 완강히 유지하고 있는 경우일 것이다. 뿐만 아니라 南韓 住民이 北韓을 방문하여[42] 私法的

---

40) 석동현, 앞 논문, 100면. 뿐만 아니라 재일 조총련 동포의 경우에도 대한민국의 국적을 갖기를 원하면 국적법의 규정에 따르는 것이 아니라 우리 공관에서 재외국민등록법에 의하여 등록절차를 마치면 곧바로 국내에 호적을 편제할 수 있는 것도 마찬가지 논리에 근거한 것이라 한다.

41) 반대로 북한 법원이 이러한 사건을 맡게 된다면 북한의 국제사법인 대외민사관계법에 따라 남한 주민의 본국법인 남한법을 적용할지는 의문이다. 대외민사관계법이 본국법주의를 취하고는 있으나 법정지법인 북한법의 우월성을 인정하고 있기 때문이다(대외민사관계법 제13조).

42) 남북교류협력에관한법률에 따르면 협력사업이나 교역으로 남한 주민이 북한을 왕래하는 것이 전제되어 있다.

인 問題가 생길 여지가 있다. 이 때에 北韓籍은 인정하지 않으므로 언제나 획일적으로 南韓의 법만을 적용한다는 것은, 北韓의 私法을 적용받기를 원하는 北韓住民이 있을 때 그에게는 형평성이 없는 일이 된다. 따라서 우리는 다른 해결책을 찾아야 할 것이다.

(2) 常居所

國籍이 南北韓 주민사이의 법률문제에서 의미 있는 連結點이 될 수 없다면 다른 해결책으로서 가장 좋은 것은 물론 南北韓 사이의 협약에 의하여 南北韓 사이에만 적용되는 간접규범이나 직접규범을 설정하는 것이다. 南北韓 어느 쪽도 상대방의 國籍을 인정하지 않는 이런 상황은 독일의 예와도 다른 것이라고 할 수 있다. 동독은 동독의 독자성을 내세우기 위하여 1967년 공민권법(Staatsbürgerschftsgesetz vom 20. Februar 1967)을 제정하여 동독주권의 표상으로서 의식적으로 서독과 다르게 國籍을 취급하였다.[43] 반면에 서독에서는 앞에서 본 것처럼 하나의 독일 國籍만을 인정하였다. 그러나 동서독은 통일 전까지 양독간에만 적용되는 간접규범이나 직접규범을 合意 제정한 바가 없다.[44] 南北韓의 경우보다 훨씬 더 많은 교류가 있었음에도 불구하고 그러한 규범의 제정이 없었던 것은 동독의 경우에는 問題가 되지 않기 때문이고[45] 서독의 경우에는 '동독'이라는 國籍을 인정하지 않고 '하나의 독일'의 國籍을 인정하였기 때문에 동서독 어느 법을 적용하여야 하는 것

---

43) 동법 서문에 "동독의 건국과 더불어 동독의 공민권이 생성되었다"고 규정하고 있다.

44) 오수근 교수는 "남북한간의 국제사법적 문제"의 논문에서 "최선책은 섭외사법적 해결방안에 의존할 것이 아니라 가족관계, 상거래, 불법행위 등 각 사항별로 남북한간의 섭외사건에 적용될 실질사법을 제정하는 것이 합당하다"고 주장한다(주 23 논문, 575면).

45) 동독에서는 서독도 외국으로 취급되므로 국제사법이 적용되면 그만이기 때문이다.

이 問題되는 경우 일종의 법분열국으로서의 '하나의 독일'을 상정하였기 때문이 아닌가 한다. 즉 서독에서는 一國에 법의 분열이 있는 것으로 보고 일종의 準國際私法的인 처리를 한 것이 아닌가 한다. 따라서 이 경우에는 本國法이 아니라 住所地法을 적용하는 형태가 된 것이라고 볼 수 있다. 우리 법원의 태도는 통일전의 서독과 유사한 것으로 평가되는데 그렇다면 우리의 問題해결에 있어서도 이러한 방법이 유용한 것이 아닐까 한다. 다만 住所 대신에 常居所 개념을 전면에 등장시키는 오늘날의 추세를 토대로 한 우리의 신국제사법의 규정에 따라 상거소지법을 연결점으로 하는 것이 타당하다. 주소개념의 다의성을 생각해보면 주소 대신에 常居所를 連結點으로 하는 것이 타당하고 또한 우리법상 주소와 상거소의 의미는 같으므로[46] 우리 국제사법상의 용어인 常居所를 連結點으로 하는 것이 타당할 것이다. 그렇다면 실제로 이렇게 처리하게 될 사안들은 어떤 것들이 있을까? 우선 權利能力, 行爲能力, 婚姻의 成立要件, 夫婦財産制, 離婚, 親子關係, 婚姻外 出生子에 대한 準正, 入養 및 罷養, 親子間의 法律關係, 親族關係, 後見, 相續, 遺言의 경우가 本國法이 적용되는 때이므로 이러한 때에 常居所地法을 적용하는 것이 하나의 방편이 될 수 있지 않을까 한다.

Ⅲ. 구체적인 문제

1. 重婚 問題

혼인의 효력 등에 대하여 우리 국제사법은 본국법에 따르게 하고 있으나, 남북한 주민 사이의 문제에 대하여는 앞에 서술한 바

---

46) 최흥섭, "국제사법에서 일상거소의 의미와 내용", 「국제사법연구」, 제3호(1998), 536면.

와 같이 당사자의 상거소지법에 따라 판단하여야 할 것이다. 즉, 남한에 상거소를 두고 있는 경우에는 민법, 북한에 상거소를 두고 있는 경우에는 북한의 민법과 가족법을 적용하게 된다.[47)]

남북한에 서로 헤어져 있는 부부의 경우 쌍방이 모두 결혼하지 않고 독신으로 있는 것이 아니라면 重婚의 문제가 생긴다. 서로 생사조차 알지 못하고 50여년이 지났기 때문에 重婚의 문제가 생길 가능성은 상당히 높다.

북한에서 결혼한 사람이 월남하여 북한에서의 배우자를 잔류자로 가호적 또는 호적에 기재하고 부재선고를 받아 혼인을 해소하고 再婚하였는데 북한에서의 배우자가 이 後婚을 문제삼는 경우를 상정해본다.[48)] 이 경우는 부재선고등에관한특별조치법 제5조의 부재선고취소사유에 해당하지 않지만 실종선고의 취소에 준하여 부재선고취소사유로 해석하게 된다. 부재선고가 취소되면 부재선고의 효력이 소급하여 소멸하므로 前婚의 효력이 부활하게 된다. 그러나 부재선고의 취소 전에 선의로 한 행위의 효력에는 영향이 없으므로,[49)] 後婚 당사자가 모두 善意인 경우에는 前婚은 부활하지 않는다. 남북 분단 상황 아래서 後婚 당사자가 모두 善意였다고 추정되므로 별다른 문제가 발생하지 않지만 설혹 어느 한 당사자가 惡意였다고 하더라도 前婚이 부활한다고 볼 것은 아니다.[50)] 다만 相續이나 부양의 문제에 한하여 前婚의 효력을 인

47) 북한에서는 가족법이 민법과 별도로 있다. 조선민주주의인민공화국 가족법(1990. 10. 24. 최고인민위원회의 상설회의 결정 제5호)이 그것이다.

48) 북한에서 결혼할 때 북한 지역에서의 당시의 법률, 예를 들면 조선민사령, 조선호적령, 또는 남녀평등권에 대한 법령 및 동 시행규칙에 따라 결혼한 경우, 그 법적인 유효성은 당연히 인정하여야 할 것이다. 국제사법상의 혼인지법(행위지법)원칙에 따르든 또는 이 글에서의 원칙인 상거소지법에 따르든 모두 위 법들에 의하게 되는데, 이 법들에 근거한 혼인은 유효한 것이 되는 것이다.

49) 부재선고등에관한특별조치법 제5조 제1항 단서.

50) 신영호, "이산가족의 재결합에 따른 가족법상의 문제", 「사회과학논총」, 제7집(1995), 성신여대 사회과학연구소, 40면에서는 前婚의 당사자가 재결

정하는 특별법이 성립한다면 좋을 것이다.

북한에서의 前婚에 대하여 재판상이혼을 하고 再婚을 한 경우에는 문제가 되지 않는다.

가호적을 편제할 때 북한에서의 혼인 사실을 숨기고 배우자를 잔류자로 기재조차 하지 않은 채 再婚한 경우에는 부재선고의 취소문제는 없다. 다만 前婚의 배우자가 추가취적허가신청에 의하여 입적하는 경우에는 重婚의 상태가 발생한다. 이 경우 민법에 의하면 後婚이 취소될 수 있다.[51] 그러나 이 경우에도 後婚을 취소할 수 없다는 견해도 있다.[52] 즉, 重婚의 유지를 인정하는 것은 우리 가족법 질서에 반하지만, 重婚을 취소사유로 규정한 우리 민법에서는 취소가 행하여지지 않는 이상 重婚도 혼인으로서의 효력이 인정되고, 重婚의 효력을 인정하여야 자녀들의 친족관계의 발생 여부를 쉽게 해결할 수 있으며 이들이 재결합할 수 있는 법률상의 근거를 마련할 수 있기 때문이라고 한다. 그러나 이 견해에는 찬성할 수 없다. 이 경우 당사자들의 의사가 重婚의 상태를 인정할 것인가는 의문이며, 重婚을 허용한다면 기존의 법률관

합을 원하지 않는 경우도 있는데 그의 의사가 무시될 수도 있고, 前婚 배우자의 북한에서의 혼인관계와 그 가족을 보호할 필요성도 있으므로, 재결합 전에 後婚의 배우자가 사망하고 前婚 배우자가 독신으로 있는 경우 이외에는 악의를 이유로 한 前婚의 부활은 인정할 수 없다고 한다.

제성호, "남북이산가족의 재결합에 따른 법적 문제점과 해결방안" 19면에서는 이산부부가 재결합의 가능성이 막연하기 때문에 상대방의 생존사실을 알면서도 부재선고에 의하여 혼인관계를 해소하고 再婚한 것을 부당하다고 할 수 없으므로 이러한 경우에는 부재선고를 취소할 수 없다고 한다.

법원행정처, 「북한의 가족법」, 346면에서는 前婚과 後婚의 당사자 모두가 重婚의 성립을 희망하는 경우에는 相續이나 부양청구를 허용하는 범위에서만 前婚의 배우자 사이의 혼인의 효력을 인정하는 방안이 검토될 수 있다고 한다.

51) 물론 前婚의 배우자가 북한에서 再婚한 경우라면 이런 문제는 생기지 않는다. 즉 前婚의 배우자 역시 북한에서의 절차에 따라 再婚하였다면 이 경우 前婚의 배우자를 상대로 重婚을 이유로 취소청구를 할 수 없을 것이다.

52) 신영호, "이산가족의 재결합에 따른 가족법상의 문제", 42면.

계를 중심으로 이루어져 온 가족관계를 지나치게 무시하는 측면이 있다.[53] 다음과 같이 보면 어떨까 한다.

문제를 나누어 相續權이나 부양청구문제의 경우 前婚의 유효성을 먼저 판별하여야 하는데 이때에는 혼인 당시의 상거소지법에 따라 그 유효성을 판별하고 그에 따라 유효하게 판단되면 相續權과 부양청구를 인정하여야 할 것이다. 부부관계의 부활 문제는 오히려 부정하여야 한다. 그 이유는 前婚이 부활한다면 결국 重婚상태가 될 것이고 따라서 법에 의하면 後婚을 취소할 수 있으며 기존에 이루어져 온 가족관계가 무시되는 상태가 되는데 이는 바람직하지 않기 때문이다. 그렇다고 重婚상태를 유지하는 것도 바람직하지 않다. 우리 가족법질서의 기본에 어긋나기 때문이다.[54] 법은 이러한 경우를 상정하지 않은 것이므로 이 문제의 해결을 위한 특별법의 제정이 필요하다. 물론 이런 특별법을 제정할 때에는 前婚 배우자의 相續權이나 부양청구권을 인정하는 예외를 허용하여야 할 것이다.

2. 相續問題

배우자의 相續權 문제는 혼인의 유효성 여부에 달려 있으므로 혼인의 유효성 문제는 相續問題의 先決問題라 할 것이다. 이 부분은 위에서 논의하였다. 그러므로 여기서는 相續權이 인정되는 경우를 전제로 논의한다.

북한 주민이 남한 주민의 相續人인 경우를 먼저 살펴본다. 이 경우에는 우리 국제사법에 따라 被相續人의 본국법(물론 이 글의

---

53) 同旨; 법원행정처, 「북한의 가족법」, 1998, 347면.

54) 물론 重婚의 당사자들이 後婚의 취소를 청구하지 않는다고 하더라도 공익의 대표자로서 검사가 청구할 수도 있는 것이 우리 법의 태도이다(민법 제818조). 즉 일부일처제는 우리 가족법의 기본 법질서이다. 그러므로 重婚 당사자들이 모두 희망한다면 重婚관계를 인정하여도 된다라는 견해(「북한의 가족법」, 347면)에는 동의할 수 없다.

견지에서는 被相續人의 상거소지법)인 우리 민법이 적용된다. 북한에 거주하는 相續人들이 부재선고나 실종선고에 의하여 제적된 경우 그 취소절차를 통하여 相續權을 회복할 수 있다. 이 경우에는 민법 제29조 제1항 단서와 제2항, 부재선고등에관한특별조치법 제5조 제1항 단서와 제2항의 제한을 받으므로 남한 거주의 相續人들이 相續財産을 제3자에게 처분하고 쌍방이 선의인 경우에는 제3자에게 相續財産의 반환을 청구할 수 없으며, 남한의 相續人들이 선의인 때에는 그 받은 이익이 현존하는 한도에서 반환받을 수 있고, 악의인 때에는 그 받은 이익에 이자를 붙여서 반환하고 손해가 있으면 배상하여야 한다.[55] 북한에 거주하는 相續人이 있을 때에 相續이 개시되면 부재자재산관리인을 선임하여 相續關係를 처리하여야 할 것이다. 이미 相續절차가 개시된 후라면 북한 거주의 相續人은 相續回復請求의 訴를 제기할 수 있을 것이고, 이 경우 相續開始日로부터 10년을 경과하면 제척기간이 적용되므로 訴를 제기할 수 없다. 그러나 북한 거주의 相續人이 실제로는 相續의 개시를 알기 어려웠고 또 설혹 알았더라도 訴를 제기하는 것이 곤란하였으므로 이 제척기간의 문제는 특별법의 제정에 의하여 배제하든가 새로운 고려를 하는 것이 좋을 것이다.[56] 북한주민이 相續하는 경우 남북한의 경제 사정의 차이를 이유로 하여 相續價額을 제한하여야 한다는 견해가 있으나 이 견해에 찬성할 수 없다.[57]

---

55) 相續權의 문제는 호적의 등재 여부에 상관없이 인정되므로 반드시 취적절차를 거쳐야 相續權이 있는 것은 아니다. 따라서 호적상의 문제(정리절차)를 해결하여야 相續權이 있는 것으로 서술하고 있는 태도는 이해할 수 없다(「북한의 가족법」, 352면). 다만, 부재선고나 실종선고에 호적에서 탈퇴된 경우에는 이의 취소가 있어야 가능하다.

56) 2001년 12월 20일 의결된 개정 민법에 따르면, 제999조 제2항 중 "상속이 개시된 날로부터 10년"을 "상속권의 침해행위가 있은 날부터 10년"으로 변경함으로써, 진정상속인의 보호를 위하여 제척기간을 연장하여 그 침해를 안 날부터 3년, 상속권의 침해가 있은 날부터 10년을 경과하면 소멸하도록 개선정비하고 있다.

57) 자유중국의 '대만지구와 대륙지구 주민관계 조례'는, 대륙지구 주민이 대

북한에 거주하는 주민이 남한에 재산을 남겨두고 월북하거나 납북된 후, 남한 가족들이 사망신고를 하거나 실종선고를 받아 相續을 개시하는 경우에는 우리 민법이 적용된다. 왜냐하면 이 경우에는 사망신고시점이나 실종선고를 받는 시점을 기준으로 被相續人의 최후의 상거소지는 남한이기 때문이다.

3. 親子關係

부모와 자녀의 관계는 호적의 정리 등에 의하여 생성되는 것이 아니므로 재결합시에도 법적으로 별도의 조치를 취할 필요는 없다. 호적의 기재사항만 정정하면 된다. 친자관계에 따른 법적인 관계는 실제로는 부양의무와 부양청구권으로 나타날 것이다. 왜냐하면 헤어진 때로부터 상당한 시간이 지나 모두 성인이 되었기 때문에 친권문제 등은 존재하지 않기 때문이다.

Ⅳ. 결어

남북 정상이 만나고 이산가족 상봉이 계속 이어지는 때가 오면 남북한 주민들도 서로 왕래하는 것이 어느 정도 가능한 시기가 곧 올 수 있을 것으로 보인다. 이러한 교섭이 자주 있게 되면 필연적으로 법적인 문제도 빈발하게 된다. 그러므로 이미 법적인 쟁송의 가능성이 보이는 이 시점에서는 이러한 문제에 대한 준비를 하여야만 한다. 그 중에서도 남북한 이산가족의 재결합 내지는 상봉의 경우 제일 먼저 부딪히게 되는 중혼, 상속의 문제는 해결의 방책을 마련해야만 하는 필요성이 가장 크다고 할 수 있다. 이러한 문제를 해결하기 위한 특별법을 제정하는 것이 타당

만지구 주민의 재산을 相續하는 경우에 부동산은 相續할 수 없으며 1인당 200만 대만달러를 초과할 수 없다고 규정하고 있다.

하지만 그런 법이 제정되지 않는다면, 우리 법원으로서는 이해당사자들이 각자의 법을 적용받을 이익을 고려하여 준거법을 결정하여야 할 것이다. 이 때 앞에서 서술한 바와 같이 상거소지법을 준거법으로 택하는 것이 가장 무리가 없는 방법으로 생각된다.

제3장 북한주민과 관련한 가사분쟁의 특수문제

[목 차]

Ⅰ. 서

북한 출신 주민들이 관련한 소송이 날로 늘어나고 있다. 이러한 소송에서 법률적인 쟁점이 여러 가지 등장한다. 첫째 북한 출신 주민의 법적 지위는 무엇인가, 둘째 우리 법원에 관할권이 있는가, 셋째 송달을 어떤 규정에 근거하여 어떻게 할 것인가, 넷째 사건에 적용할 준거법을 어떻게 찾을 것인가, 다섯째 그 판결의

* 이 글은 국제사법연구 제12호(2006.12.) 198면-211면에 실려 있다.

법적 효력이 북한에서도 있는지 등이다. 첫째 문제와 관련하여서는 남북한 사이의 법적인 관계를 어떻게 볼 것인가[1]의 기본 문제를 포함하여 북한 출신 주민이 중국이나 다른 나라에서 생활하였거나 하고 있는 경우의 특수문제 등이 논의의 대상이 될 수 있다. 또한 우리나라의 국적을 주는 것이 당연한 것인지 아니면 경우에 따라 부여하는 것인지 등이 논의될 수 있다. 둘째 문제의 경우 어느 규정에 근거하여 어느 법원에 관할권이 인정되는지와 우리 국제사법의 규정은 이 때 어떠한 판단을 하여야 하는지 등이 논의될 수 있다. 셋째 문제는 구체적인 사건에서 반대당사자의 이익을 어떻게 보호할 수 있는지 등이 초점이 될 수 있다. 이러한 문제들 중에서 넷째 문제는 이미 필자의 견해를 밝힌 바 있어 이 글에서 제외한다.[2] 그리고 첫째 문제는 헌법과 관련하여 이미 논의가 있었다.[3] 이 글에서는 필요한 범위에서만 다루기로 한다.

Ⅱ. 북한 출신 주민의 법적 지위

1. 북한 출신 주민의 헌법상의 법적 지위

북한 출신 주민의 법적 지위를 논하려면 우리 헌법에서부터 출발해야 한다. 북한 강역이 우리 헌법의 영토 조항에 따라 우리의 주권이 미치는 영역이라면 그 주민들에게도 당연히 우리의 국적이 부여된다고 보아야 한다. 우리 헌법의 영토 조항과 관련하여 여러 해석이 있다.[4] 그러나 우리 헌법의 규범적 효력이 북한에

1) 이 문제는 임성권, "남북한 사이의 국제사법적 관계", 국제사법연구 4호 (1999) 참조.

2) 임성권, "남북한 주민 사이의 가족법적 문제", 비교사법 8권2호(2001).

3) 도회근, "북한주민의 헌법상 지위에 관한 연구", 헌법학연구 4집2호(1998),

4) 윗 글, 341-347면 참조.

미친다고 보는 견해도 사실상의 효력은 남한 영역에만 있다고 보고 있다. 또한 유엔에 남북한이 동시 가입하였고 또 지난 1991. 12. 13. 남북 기본합의서를 교환한 후에는 더 이상 헌법의 영토조항이 실효적 효력이 있는 것으로 보기는 어렵게 되었다. 즉 국제법적으로는 별개의 국가로 다루는 것이 타당한 해석일 것이다. 그렇기는 하지만 남북한이 서로 전혀 별개의 국가인 것으로 다루는 것 또한 우리의 법감정에 맞지 않는다. 따라서 국제적으로는 서로 독립국가지만 남북한 간에는 국가가 아닌 것으로 보는 해석이 등장한다.[5] 더군다나 남북기본합의서에서 남북관계를 "나라와 나라 사이의 관계가 아닌" 특수관계로 규정한 점은 이러한 해석에 지지점을 주고 있다.

북한 출신 주민에 대하여 우리나라의 국적을 부여하는 문제에 관하여 영토 조항에 대한 견해의 차이에 따라 답이 달라진다. 먼저 당연히 우리나라 국민이라는 견해는 북한 출신 주민이 우리나라에 이주하는 경우 국적변경 절차 없이도 당연히 대한민국 국민이 된다고 한다.[6] 또 국제법상 2국가 국내법상 1국가론을 취하는 견해도 북한 주민을 "국내법상 우리 국민이면서 동시에 그들이 제3국에 소재하는 경우 국제법적 견지에서 사실상 북한적을 가지고 이를 향유하는 자"로 규정하면서 "잠재적으로 대한민국 국적을 보유하면서 현실적으로는 북한적을 가지고 이를 향유하는 비국민의 지위"에 있다고 한다.[7]

반면에 영토조항의 해석에서 북한 지역을 대한민국의 영토로 보지 않는 견해에서는 북한 주민을 대체로 외국인 또는 무국적자로 보고 있다.[8] 그렇다면 이들의 대한민국 국적 취득은 망명이나

---

5) 윗 글, 348면.

6) 최대권, "한국헌법의 좌표 – 영토조항과 평화통일조항 –", 법제연구(한국법제연구원) 제2권 제1호(1992), 9면.

7) 제성호, 남북한 특수관계론, 144-149면.

8) 도회근, 앞의 글, 356면.

귀화의 절차 등에 따라야 할 것이다. 그렇지만 '북한이탈주민의보호및정착지원에관한법률'은 망명 또는 귀회의 절차를 생략하고 북한이탈주민이 남한 지역에 본적을 갖고 있지 않을 때에는 통일부장관이 본인의 의사에 따라 본적을 정하고 서울가정법원에 취적허가신청서를 제출하여 호적을 편제받도록 하고 있다. 이러한 취적특례조항은 국제법이 인정하는 특례절차로 보면 된다고 한다.[9]

2. 북한 출신 주민의 분류에 따른 법적 지위

북한 출신 주민은 다음의 셋으로 분류할 수 있다. 첫째 북한에 거주하고 있는 주민, 둘째 북한에서 자의로 이탈하여 제3국에 거주하고 있는 주민, 셋째 북한에서 이탈하여 남한에 이주한 주민이다. 헌법학상 논의되고 있는 것은 첫째의 분류이다. 북한에 거주하고 있는 주민에 대하여 우리나라 법원에서 소가 제기된 경우나 그를 대리하여 소송대리인이 우리나라 법원에서 소를 제기하는 경우에 우리나라 법원은 그를 외국인으로 볼 것인가 아니면 내국인으로 볼 것인가라는 문제인 것이다. 이 점에 대하여 필자는 준국제사법적인 문제로 결론을 내린 바가 있다.[10] 즉 북한에 거주하고 있는 주민을 우리 법원에서 완전히 외국인 것처럼 다룰 수는 없으면 그렇다고 완전한 내국인으로 다루는 것도 곤란하다. 따라서 1국가 안에서 법이 서로 다른 영역에 살고 있는 주민으로 보는 것이 우리 법 해석상 곤란한 점이 가장 적은 해석이라고 본다.

두 번째 유형의 주민들은 북한에 소속되기를 스스로 거부하고 북한에서 이탈한 사람들이다. 그들과 우리 국민 사이에서 법적 쟁송이 벌어지기는 쉽지 않은 예상이지만 문제가 된다면 첫 번째 유형과 동일하게 다루는 데에 곤란한 점이 있다. 첫 번째 유형에

9) 윗 글, 356면.

10) 주1)의 글 참조.

서는 준거법 선택의 경우 상거소지법을 연결점으로 하는 것이 가장 적절하다고 말한 바가 있다.[11] 그런데 이 두 번째 유형에서는 그 상거소지를 북한으로 보기에 적당하지 않은 예가 여럿 나올 것으로 예상되기 때문이다. 물론 제3국에서의 체류가 임시적이고 일시적인 정도에 그치는 경우에는 첫째 유형으로 보는 것이 타당할 경우가 많다고 본다. 그러나 제3국에서의 체류기간이 상당 정도 길어져 그 곳의 생활이 일상이 되었다면 그 제3국이 상거소지가 될 것이기 때문에 이때에는 첫째 유형과 다르게 접근할 필요가 생긴다. 즉 제3국에 체류하고 있는 북한 이탈 주민의 경우 그 제3국이 상거소지로서의 의미가 있는 그러한 경우라면 그 주민을 재외국민으로 보는 방법과 무국적자로 보는 방법이 있을 것이다. 전자의 견해보다는 후자의 견해가 더 타당하다고 본다. 왜냐하면 아직 우리나라의 국적을 취득하지 않은 상태이고 북한을 이탈한 의지가 있기 때문이다.

세 번째 유형의 경우에는 우리나라의 국적을 완전히 취득한 경우이므로 내국인이다.

Ⅲ. 관할권 문제

1. 재판관할권 일반

북한 주민이 관련된 사건에서 우리 법원에 재판관할권이 있는가 하는 문제가 논의되어야 한다. 우리 국제사법 제2조는 국제재판관할에 대하여 규정하고 있다. 남북한 주민 사이의 법률관계를 준국제사법적인 문제로 보고 있는 필자의 견해에서는 이 규정이 또한 남북한 사이의 재판관할권에 관한 판단의 준거도 제시하고 있다고 본다. 물론 국제재판관할의 결정에 대해서는 역추지설, 관

11) 윗 글, 186-188면.

할배분설, 수정역추지설 등이 존재한다. 국제사법의 규정 신설에도 불구하고 이러한 견해의 대립은 있을 수 있겠지만 그 의미는 종전과 달리 약하다고 볼 것이다. 규정의 취지상 역추지설을 따를 것이 아니라 관할배분설을 따르는 것이 기본적으로는 타당하다고 보이기 때문이다. 그러나 그 규정이 구체적이지 않고 일반적인 원칙을 제시하는 정도이므로 그 구체화를 위한 작업은 앞으로 절실한 과제일 것이다. 그렇기는 하지만 이 조항은 상당한 원칙과 관점을 제시하고 있다고 본다. 국제사법 제2조 제1항 제1문은 "법원은 당사자 또는 분쟁이 된 사안이 대한민국과 실질적 관련이 있는 경우에 국제재판관할권을 가진다"라고 하고 제2문에서 "이 경우 법원은 실질적 관련의 유무를 판단함에 있어 국제재판관할배분의 이념에 부합하는 합리적인 원칙에 따라야 한다"고 규정한다. 즉 제1문의 "실질적 관련"이 국제재판관할 인정의 실질적 근거로 제시된 것이다. 그리고 제2문에서 "국제재판관할배분의 이념"을 내세워 그것이 민사소송의 이념과 동일한 내용이 아니라는 점을 적시하고 있는 것으로 보인다. 즉 "실질적 관련"을 판단함에 있어 "국제재판관할배분의 이념"과 "합리성"을 준거로 하여야 한다는 점을 밝히고 있는 것이다.[12] 제2조 제2항은 "법원은 국내법의 관할 규정을 참작하여 국제재판관할권의 유무를 판단하되, 제1항의 규정의 취지에 비추어 국제재판관할의 특수성을 충분히 고려하여야 한다"고 규정하고 있다. 이 조항의 의미에 대하여 "제1항과 동일한 의미를 가지는 그 실시 예에 해당하는 조항으로 이해하는 것이 바람직하다"는 견해가 있다.[13] 즉 제2항은 "국내법의 관할 규정을 참작하되 그에 얽매이지 말고 국제재판관할의 특수성을 충분히 고려함으로써 정치한 국제재판관

12) 석광현, 국제사법 해설, 38-42면 참조; 유영일, "국제재판관할의 실무운영에 관한 소고-개정 국제사법과 헤이그 신협약의 논의를 중심으로", 법조 통권554호(2002.11), 66면 참조.

13) 유영일, 윗 글, 66면.

할원칙을 정립할 것을 요구하는 것"이라고 보는 것이다.[14] 여기서 "국제재판관할의 특수성"은 우리 민사소송법상의 토지관할 규정과는 구별되는 특성으로서 섭외적인 요소를 고려하여 토지관할 규정을 적절히 수정 보완하여 국제적으로 통용될 수 있는 국제재판관할원칙을 정립하여야 한다고 한다.

2. 남북한 주민 사이의 소송에서의 재판관할권

남북한 주민 사이에 소송이 제기된 경우 어느 법원에 재판관할권이 있는가 하는 문제에 대하여 이러한 사건의 성격을 기본적으로 준국제사법적인 사건으로 파악하는 한, 국제사법 규정에서 출발하는 것이 타당하다. 즉 우리 국제사법 규정에서 국제재판의 특수성을 고려하여 민사소송법상의 토지관할 규정을 참작하라고 하므로 우리는 토지관할 규정을 기초로 하게 된다. 이럴 때 피고의 주소지가 북한인 경우 또한 원고와 피고의 최후의 공통의 주소지 역시 북한인 경우 피고의 보통재판적 소재지의 법원인 북한의 법원에 재판관할이 있는 것으로 보게 된다.[15] 물론 '실질적 관련성'을 기초로 판단하더라도 1차적으로는 북한의 법원에 재판관할권이 있다고 보는 것이 더 타당할 수도 있다. 그러나 다른 측면에서 실질적 관련성을 고려할 수도 있다. 즉 남한에 있는 원고당사자의 이해관계가 더 밀접하다는 점이 고려될 수도 있다. 또한 사건의 특수성을 고려하여야 한다. 즉 국제재판관할의 특수성을 고려할 때 법원의 조직, 법관과 변호사의 자격, 소송절차 및 준거법이 되는 실체법, 재판의 집행가능성 등을 고려하는데 남북한 주민 사이의 소송에서도 마찬가지로 살펴보아야 한다. 즉 원고당사자가 피고당사자의 보통재판적이 있는 북한에 들어가거나

14) 석광현, 국제사법해설, 43면.

15) 정상규, "탈북자 이혼사건에 관한 연구", 사법논집 38집(2004), 625-626면.

그 대리인을 내세워 북한의 법원에서 소송절차를 진행하는 것을 기대하기는 매우 곤란하다. 또한 북한의 사법체계가 우리와는 상당히 다른 점 등도 고려되어야 한다. 따라서 원고당사자가 상거소를 두고 있는 남한의 법원에 재판관할권을 인정하는 것이 타당하다고 본다.

Ⅳ. 送達의 문제

1. 公示送達

북한에 거주하는 주민에 대하여 대한민국 법원의 소송 관련서류를 송달할 수 있는가. 특히 송달에 관하여 민사소송법은 직권송달주의를 택하고 있으므로 공적인 송달을 하여야 한다. 앞에서 논한 바와 같이 남북한 사이의 관계는 '특수한 관계'이므로 국제간에 일반적인 사법공조가 그대로 이루어질 것을 기대하기는 곤란하다. 물론 국제사법공조에 준하는 절차에 따라 송달이 가능하다면 그에 의하는 것이 타당하나 현재 북한은 헤이그송달협약에 가입되어 있지 않고 남북한 사이에 사법공조에 관한 합의도 없는 상태이다. 우리 민사소송법에 따른다면 법원사무관 등이 송달기관으로서 북한에 거주하고 있는 북한주민에게 소송서류를 송달하여야 할 것이고 이 경우 '남북교류협력에관한법률'에 의해 통일부장관에게 북한주민접촉신청서를 제출하고 통일부장관이 승인하는 경우 북한방문증명서를 발급받아 북한을 방문하여 피고의 주소지에서 소장과 기일소환장 등 소송관련서류를 송달하게 될 것이다. 통일부장관이 승인을 거부하는 경우에는 송달불능으로 보아 공시송달절차로 가게 된다고 본다.[16)]

공시송달이란 원래 소송절차의 원만한 진행과 원고당사자의 권

16) 정상규, 윗 글, 633면 참조.

리보호를 위하여 고안된 제도이다. 즉 원고당사자의 헌법상의 재판청구권 보장과 관련하여 상대방인 피고당사자의 귀책성 여부와는 상관없이 인정된다고 한다.[17] 물론 공시송달로 재판을 진행한 후 피고당사자가 후에 그 사실을 알게 된 경우 추완상소 등의 제도에 의하여 권리구제를 받을 길이 있다[18]고 볼 수도 있겠지만 실제로는 곤란한 일이다. 예를 들어 남한에서 이혼판결을 받아 재혼한 사람에 대하여 훗날 예전 배우자가 그 이혼판결에 대하여 추완상소를 하더라도 구제의 실익이 거의 없는 것이다. 공시송달은 그야말로 최후의 보조적인 수단인 것이다. 즉 공시송달로 피고당사자의 재판청구권이나 이익이 침해되는 것을 최소화하여야 할 필요가 있다. 그렇다고 민사소송법에 규정되어 있는 소송절차의 중지(민사소송법 제246조 제1항)를 고려하는 것도 곤란하다. 남북한 사이에 자유로운 왕래가 불가능하고 북한에 있는 피고당사자가 남한에 와서 소송을 진행한다는 것을 기대하기도 곤란한 사정 아래에서 소송절차를 중지한 후 훗날 자유로운 왕래가 될 때 소송을 재개하라는 것은 재판의 거부와 다름이 없는 일이다.

그렇다면 어떤 길이 있는가. 현행법상으로는 공시송달의 길 외에는 뚜렷하게 보이는 방법이 없다. 결국 남북한 당국자 사이에 이에 대한 협의가 있어야 할 것이다. 그리고 특별법을 제정하여 이에 대한 해결책을 구해야 한다. 또한 남북한 사이에 자유로운 왕래가 가능할 때까지 북한 주민의 당사자이익을 고려할 방법을 찾아야 한다. 즉 북한 주민이 남한에서 소송대리인을 선임하여 실질적으로 자신의 소송상 이익을 지킬 수 있기 전까지는 우선 공익의 대표자로서 검사를 반대당사자로 지정하는 방법도 제시될 수 있을 것이다.

---

17) 윗 글, 630면.

18) 윗 글, 631면.

2. 공시송달의 경우 효력발생시기에 관한 문제

북한에서 이탈하여 제3국에 거주하고 있는 경우에는 우리 민사소송법에 의하여 공시송달을 하더라도 제196조 제2항에 따라 공시송달을 한 후 2월이 경과하면 효력이 발생한다. 그러나 북한에 거주하고 있는 주민의 경우에는 공시송달을 하더라도 이 규정에 따라 할 것인지 아니면 국내에서의 경우와 같이 2주간의 공시기간의 경과로 효력이 있게 할 것인지에 대하여 논의가 있을 수 있다. 물론 앞에서 논한 바와 같이 북한 주민의 헌법상의 지위를 바라보는 시각에 따라 이에 대한 답이 달라질 수 있다. 북한 주민의 헌법상의 지위에 대하여 소위 규범조화설을 따르는 경우 북한은 외국이 아니므로 일반 국내송달과 같이 공시송달 후 2주가 경과하면 송달의 효력이 발생할 것이라고 본다.[19] 남북한 주민 사이의 법률관계를 준국제사법적인 문제로 본다면 실제 한 나라의 영역 안에서 법이 분열되어 있는 지역 사이의 법률문제이므로 당연히 국내송달의 경우와 같이 처리하는 것이 논리적일 것이다. 그러나 남북한 주민 사이의 법률관계를 순수한 '준국제사법 문제'로 보기에는 어려움이 많다. 그래서 '준국제사법적 문제'로 표현한 것이다. 따라서 이 견해에서는 국내송달의 경우와 같이 다루는 것은 곤란하다. 외국에 있는 사람을 대상으로 공시송달하는 경우에 2월의 경과를 요구하는 취지는 국내에서의 경우보다 우리 법원에의 접근성이 근소하고 시간이 오래 걸리기 때문이다. 북한에 거주하는 주민의 경우 이러한 우리 법원에의 접근성은 더더욱 근소하다고 볼 수 있다. 따라서 특별법이 제정되는 경우에는 이러한 특성을 고려하여 기간을 정하는 것이 타당하다. 현재로서는 외국에 있는 반대당사자에게 하는 공시송달과 같이 2월의 경과를

19) 정상규, 윗 글, 635면

요하는 것이 더 합리적인 해석이라고 본다.[20]

Ⅴ. 판결의 효력과 관련한 문제

남한의 법원에서 받은 판결이 북한에서 실효성이 있는가. 이 실효성이란 남한의 법원에서의 판결이 북한에서 승인되고 집행될 수 있는가라는 문제이다. 이 점에 대하여 북한의 대외민사관계법 제59조는 "다른 나라 해당기관의 판결은 그것을 서로 인정할 데 대한 국가적 합의가 있은 경우에만 인정한다. 그러나 가족관계와 관련한 다른 나라 해당기관 판결집행의 당사자로 되는 우리나라 공민이 그 집행을 요구하거나 동의할 경우에는 다른 나라에서 내린 판결을 인정할 수 있다."라고 규정하고 있다. 남한과 북한은 사법공조에 관한 어떠한 합의도 한 바가 없다. 따라서 남한에서 받은 판결에 대하여 북한에서 대외민사관계법 제59조에 의하여 승인될 가능성은 없다고 본다. 그러나 동 조항 제2문에 의하여 예외적으로 북한 주민이 이러한 남한 법원의 판결을 후에 알고 이에 따른 집행을 요구할 경우도 있을 수는 있다고 본다. 즉 북한에서 이탈하여 남한으로 이주한 배우자가 북한에 거주하고 있는 주민을 상대로 남한의 법원에서 이혼 판결을 받은 경우 북한에 있는 배우자가 이를 알게 된 경우 북한의 법원에 남한 법원의 이 판결에 따라 이혼을 승인해 줄 것을 요구할 수도 있기 때문이다. 이러한 예외적인 경우를 제외한다면 현재로서는 남한의 법원에서 받은 판결이 북한에서 그 실효성을 갖기는 어려울 것으로 보인다. 추후 남북한 당국자 사이에 사법공조에 관한 협의가 있게 된다면 이에 대한 합의도 하여야 할 것이다.

---

20) 정상규의 글에서는 "실무상으로는 수정된 헌법 제3조 우위설 또는 규범조화설에 의하더라도 통상의 공시송달보다는 시간적 여유를 두고서 재판을 진행함이 상당할 것이다"(635면)고 하고 있다.

Ⅵ. 맺는 말

위에서는 남한에 거주하는 주민이 북한에 있는 주민을 상대로 소를 제기하는 경우에 생기는 문제에 대하여 논의하였다. 그렇지만 앞으로는 북한에 거주하고 있는 주민이 남한에 거주하는 사람을 상대로 남한의 법원에 소를 제기하는 경우도 생길 수 있다. 자신이 직접 남한에 와서 소를 제기하지 않더라도 소송대리인을 선임하여 소를 제기할 수 있기 때문이다. 그러한 경우에는 준거법 선택만이 문제될 뿐 다른 곤란한 문제들이 등장하지 않는다. 준거법으로서 북한의 가족법 등이 지정되더라도 우리 법원이 이를 거부할 명분은 별로 없지 않나 한다.

북한 이탈 주민이 남한의 법원에 소를 제기하는 경우에도 지금까지는 주로 이혼문제였지만 앞으로는 더 다양한 문제가 제기될 수 있을 것으로 보인다. 인지와 상속의 문제가 더 많아질 수도 있을 것이다. 그 외에 이러한 가족법 문제 외에도 재산법적인 문제도 생길 수 있다. 특히 저작권이나 상표권을 비롯한 지적 재산권 문제가 제기될 가능성이 높다. 이미 저작권에 대해서는 판결이 있다.[21] 이러한 다양한 문제에 대하여 위에서 논한 논점들이 법원에서 다루어져야 할 것이다. 더 바람직하기로는 남북한 당국자 사이에 남북 기본합의서의 기본정신에 입각하여 사법공조협정

---

21) 대법원 1990.9.28, 89누6396 판결(월북 문인의 저작권 인정), 서울고법 1997.12.9, 96나52092 판결(북한이 발간한 고려사역본에 대하여 저작권 인정), 서울지법남부지원 1994.2.14, 93카합2009 판결(북한 이조실록 번역본에 대한 저작권 인정), 서울민사지법 1989.7.26, 89카13692 판결(북한 저작물 무단출판에 대한 가처분사건에서 월북 문인들의 저작물에 대한 저작권 인정). 다만 이들 사건에서 법원의 태도는 북한도 우리 헌법상의 영토조항에 따라 북한 영역에도 우리의 저작권법이 효력이 있다고 보고서 내린 판결이므로 국제사법적인 판단은 고려되지 않고 있다. 마땅히 하여야 하는 판단 사항이 누락되어 있는 것이다.

을 체결하는 것이다. 물론 그에 앞서 이러한 문제들을 해결하기 위한 임시적인 입법조치도 필요할 것이다. 최우선적으로 송달에 관한 문제를 입법하여야 한다고 본다. 그리고 그러한 경우 검사가 반대당사자로서 소송 수행하도록 규정하여야 한다. 이 글에서는 다루지 않았지만 북한 이탈 주민이 남한에 와서 '북한이탈주민의보호및정착지원에관한법률'에 기하여 받은 취적허가에 따라 인정된 혼인의 효력 문제도 북한 이탈 주민이 스스로 일방적으로 기재한 내용에 대하여 어떠한 효력을 줄 것인가의 문제를 보완하여야 그 해결방법이 모색될 것이다.[22]

Ⅶ. 여론

이 글을 발표한 2006년 11월 4일 이후 달포 가량 지난 뒤인 12월 21일에 국회에서 '북한이탈주민의보호및정착지원에관한법률'의 개정법이 통과되었다. 몇 조항이 개정되었는데 그 중에서 이 글과 관련하여 중요한 조항은 바로 제19조의 2 조항이다. 이 조항은 '이혼특례조항'이라고 할 것이다. 위 법 제19조의 규정에 따라 취적한 자 중 북한에 배우자가 있는 자에 대하여 재판상 이혼청구를 허용하는 특례조항을 둔 것이다. 탈북 주민 중에서 국내에 입국한 이후 새로운 가정을 이루고자 하는 자의 경우 앞 본문에서 설명한 여러 가지의 어려운 문제가 있는데 이러한 문제들을 상당 부분 해소하기 위하여 민법과 민사소송법의 예외로 이러한 조항을 설치한 것이다. 다만 이 조항은 대법원 호적예규 제644호가 시행된 2003년 3월 18일 이후 취적한 북한이탈주민에게 적용하도록 하고 있다(부칙 제2항). 그리하여 제19조의 2 제1항에서는 동법 제19조의 규정에 따라 취적한 자 중 북한에 배우자가 있는

22) 이 문제에 대하여는 정상규, 윗 글 637-643면 참조.

자는 그 배우자가 남한지역에 거주하는지 여부가 불명확한 경우 이혼을 청구할 수 있도록 하고, 이 때 재판상 이혼의 당사자는 제19조의 규정에 따라 취적한 자의 배우자로 기재된 자가 된다(동조 제2항). 그리고 서울가정법원의 전속관할로 규정하였다(동조 제3항). 또한 제19조의 2 제4항에서 공시송달의 특례를 규정하여 2개월의 공시기간을 두고 있으며 이는 불변기간으로 하고 있다(동조 제5항). 그렇지만 미해결로 남은 것은, 재판상 이혼의 상대방이 나중에 남한지역에 들어와 이를 다투는 경우이다. 우선 당장의 불편한 내용만 해결하기 위한 규정을 둔 것으로 평가된다.

제4장 탈북자의 이혼 청구에 있어서의 국제사법적 문제

- 서울가정법원 2004년 2월 6일 선고 2003드단58877 판결을 계기로 -

[목 차]

* 이 글은 국제사법연구 제10호(2004.12.) 413면-426면에 게재되어 있다. 이 글의 발표 후인 최근에 즉, 2006년 12월 21일에 "북한이탈주민의 보호 및 정착지원에 관한 법률"이 개정되어 이혼이 가능하게 되었다.

Ⅰ. 序

2003년 말 도하 신문에 보도된 바와 같이 북한에서 탈출하여 남한에 온 여인(원고)이 북한에 있는 것으로 추정되는 남편(피고)을 상대로 離婚 請求를 법원에 제기하였다. 이 사건에 대한 서울가정법원의 판결이 2004.2.6.에 있었다. 사건의 내용은 다음과 같다.

원고인 이 여인은 1997.11. 북한지역에서 婚姻하고 동거하던 중 1998.6. 여아를 출산하였다. 이 가족은 북한에서의 생활이 경제적으로 어렵게 되자 2000.3. 경 모두 함께 북한지역을 떠나 중국으로 건너갔다. 남편은 중국에서 목축장의 잡역부로 일하였는데 2000.12. 경 목축장 관리인과 임금 미지급 문제로 다투다가 목축장 관리인을 폭행하였고, 목축장관리인의 신고로 중국 공안원에게 체포되어 북한지역으로 강제송환되었다. 그 후 이 여인은 딸과 함께 중국공안원을 피하여 숨어 살다가 주위의 도움으로 2003.2. 경 딸과 함께 제3국을 거쳐 남한지역으로 건너왔다. 대한민국의 관련기관의 조사를 받고 통일부장관의 신청에 의하여 2003.4.4. 서울가정법원에서 취적허가를 받아 딸을 호주로 하여 호적이 편제되었다. 그리고 이 여인의 신분사항란에 피고와의 북한에서의 婚姻사실이 기재되었다.[1)]

이 사안에서 법원은 이 사건의 婚姻의 有效性 여부를 먼저 판단하였다. 그리고 離婚請求 및 親權行使者 指定請求에 관한 판단을

---

1) 이 글의 발표 후 2004.9.10. 서울가정법원에서 한국가족법학회와 서울가정법원 공동세미나가 있었는데 그 세미나에서 주제발표한 정상규, "탈북자 離婚사건에 관한 연구"(미공간), 5-8면에서는 월남 또는 월북한 사람들의 가족관계에 관한 규율의 변화를 다루고 있다. 가족법관계의 실정법적 효과의 규율을 위해서는 호적상 기재의 의미, 취적의 의미, 대법원 호적예규에 따라 기재한 호적부의 신분사항란의 기재사실의 법적 효과 등이 문제될 수 있는데 이것은 가족법적 연구에 속하므로 그에 미루고 이 글에서는 國際私法적인 논의만 다루기로 한다.

하였다. 그러나 이 사안을 일종의 準國際私法的인 사안으로 보아야 사안의 본질을 정확하게 파악하는 것이 된다. 즉 사안의 요소로서 우선 離婚請求를 당하는 피고가 북한에 거주하고 있는 것으로 추정되고 따라서 管轄權의 여부가 먼저 판단되어야 한다. 그 다음에 管轄權이 있다는 판단을 한다면 이 사건의 피고가 되는 자에 대한 送達 문제가 있다. 그리고 그 다음에 離婚請求에 대하여 어느 법을 적용할 것인지를 판단하여야 한다. 마지막으로 親權行使者 指定에 적용할 법을 선택하여야 하는 문제가 남는다. 이 사안에 대한 법원의 판단에서는 이러한 사항들이 전혀 검토되지 않은 것처럼 판결문이 나와 있는데 이것은 모처럼 있는 準國際私法的인 사건의 판단으로서는 무척 아쉬운 점이다. 아래에서는 이러한 사항들에 대하여 나름대로의 생각을 서술하고자 한다.[2)]

Ⅱ. 管轄權 문제

1. 國際裁判管轄原則

가. 學說

1) 二重機能說

민사소송법상의 토지관할규정은 國際裁判管轄規定을 동시에 규정한 것이라고 보는 견해이다. 독일의 경우 1877년 민사소송법을 제정하면서 재판권 문제를 염두에 두었지만 외국관련 사건을 독일 법원이 재판권을 행사한다는 것으로 규정한다면 발생할 지도 모르는 외국과의 충돌을 피하기 위하여 입법기술상 국내 재판적

2) 이 사안과 관련하여 남북한의 상호 법적 지위, 남북한 주민 사이의 법률관계 등에 대하여 논의할 필요가 있으나 이에 대해서는 필자가 이미 “남북한 사이의 國際私法的 문제”, 國際私法硏究 제4호(1999.12.) 171면-190면에서 다루었으므로 여기에서는 논의하지 않는다.

이 인정되면 재판권이 인정된다는 생각으로 국내 토지관할의 형식으로 입법하였다고 한다. 따라서 민사소송법상의 토지관할 규정은 국내 국제 재판관할을 함께 규율하는 이중의 기능을 가진 것으로 직접 적용된다고 한다. 독일 민사소송법 제정 당시에는 國際裁判管轄의 개념보다는 재판권 행사의 제한 문제로 인식하고 국내에 토지관할이 있는 경우에는 널리 재판권을 인정하는 정도의 관념이었을 것으로 보는 견해가 있다.[3] 반면에 우리 법상으로도 이중기능설을 인정할 수 있다는 견해도 있다.[4] 후자의 견해는 우리 법이 독일법을 계수한 일본법을 계수하면서 의식적으로 국제적인 고려를 배제하는 작업을 하지 않았으므로 비록 우리 입법자들이 토지관할규정 제정시 국제적인 고려를 인식하지 못하였다 하더라도 우리 법상으로도 기본적으로는 이중기능을 인정할 수 있다고 본다.

2) 逆推知說

민사소송법상 재판권의 한계를 직접 규율하는 규정이 없으므로 토지관할에 관한 규정에서 역으로 추지할 수밖에 없다고 한다. 이 견해는 국제관할에 관한 규정이 없으므로 민사소송법상의 토지관할규정에서 국제관할에 관한 규칙을 추지할 수밖에 없다고 하는 것이다.

國際管轄權이 논리상 국내管轄權의 상위의 독립된 개념인데도 불구하고 이 학설에 의하면 國內管轄權이 있음을 전제로 하여 國際管轄權이 인정된다는 불합리에 빠진다는 비판을 받는다.

3) 管轄配分說

裁判管轄權은 각국의 재판기관이 재판기능을 분담하는 것으로서 법의 불비는 결국 조리에 의하여 보충될 수밖에 없으며 여기

---

3) 최공웅, "國際裁判管轄 원칙에 관한 재론", 법조 1998. 9-10면.

4) 석광현, "國際裁判管轄의 몇 가지 문제", 인권과 정의 262호 (1998) 37면.

서의 조리는 국제민사소송법의 기본이념으로서의 조리라고 한다. 성문규정이 없는 이상 조리에 의한다면 구체적 개별적인 사안의 내용을 심리하는 법관의 자유재량으로 이익형량에 따라 결정되어야 한다고 하는 利益衡量說도 이 견해의 발전이라고 볼 수 있다.

나. 判例

대법원이 國際裁判管轄에 대하여 견해를 밝힌 몇 판례를 정리하여[5] 4단계설을 주장한 견해가 있다.[6]

① 섭외사건의 國際裁判管轄에 관해 조약이나 일반적으로 승인된 국제법상의 원칙이 아직 확립되어 있지 않고 우리의 성문법규도 없다.

② 따라서 섭외사건에 관한 법원의 國際裁判管轄 유무는 결국 당사자 간의 공평, 재판의 적정, 신속이라는 기본이념에 따라 조리에 의해 결정함이 상당하다.

③ 이 경우 민사소송법의 토지관할규정 또한 위 기본이념에 따라 제정된 것이므로 위 규정에 의한 재판적이 한국에 있을

---

5) 그 중에서도 대법원 1992.7.28. 선고 91다41897 판결과 1995.11.21. 선고 93다39607 판결이 유명하다. 전자는 외국법인의 서울사무소에서 근무하던 외국인들이 부당해고를 이유로 우리 법원에서 외국법인에 대해 손해배상을 請求한 사건인데 법원은 민사소송법상의 토지관할에 관한 규정(제10조)에 의한 재판적이 국내에 있을 때에는 섭외사건에 관한 소송에 관하여도 우리나라에 재판관할이 있다고 인정함이 상당하다는 것을 전제로 우리 법원의 국제裁判管轄權을 인정하였다. 후자는 한국 회사가 수출한 무선전화기의 결함으로 인하여 손해를 입은 미국의 피해자들이 미국의 수입업자를 상대로 소송을 제기하고 수입업자는 한국 회사를 제3자소송인수참가의 방식으로 피고로 참가시킨 뒤 수입업자와 제조물책임보험을 체결한 보험회사가 피해자들에게 손해를 먼저 배상하고 한국 회사를 상대로 승소판결을 받아 한국 법원에서 집행판결을 얻으려고 한 사건인데 이 사건에서 법원은 제조자와 손해발생지 사이에 실질적 관련이 없다는 이유로 플로리다 주 법원의 國際裁判管轄을 부정한 사건이다. 이 사건에서 법원은 특별한 사정에 의한 國際裁判管轄 규칙의 수정가능성을 인정하였다.

6) 석광현, "국제적인 제조물책임과 관련한 國際私法상의 문제", 國際私法과 국제소송 제1권, 박영사, 2001년, 217면 이하 참조.

때에는 한국 법원에 國際裁判管轄이 있다고 봄이 상당하다.

④ 다만, 위 ③에 따라 國際裁判管轄을 긍정하는 것이 조리에 반한다는 특별한 사정이 있는 경우에는 한국 법원은 國際裁判管轄權이 없다.

이 견해에서 ①②원칙은 國際裁判管轄 규칙을 정하는 원칙이라고 보기보다는 전제적인 사정에 그치므로 ③④원칙의 2단계설이라고 보아도 될 것이라는 평가가 있다.[7] 원칙을 정함에 있어서는 그렇게 평가하는 것이 타당할지 몰라도 4단계 구조가 우리 대법원의 태도를 더 적확하게 파악할 수 있다.

①단계는 현재의 상태를 판단하는 대법원의 견해이다. 우리 민사소송법이 國際裁判管轄을 정면에서 규정하는 바가 없고[8] 또 국제적으로 합의된 國際裁判管轄原則도 없다는 평가를 하고 있는 것이다. ②단계는 민사소송의 기본이념인 공평, 적정, 신속을 國際裁判管轄의 결정 기준으로 들고 있는데 결국 재판을 공평하고 적정하며 신속하게 할 수 있는 法廷地를 선택하는 것이다. ③단계는 민사소송법의 토지관할 규정에 따라 재판적이 있으면 國際裁判管轄이 있다는 것인데 우리 민사소송법의 토지관할 규정이 모두 國際裁判管轄에 적용될 수는 없다는 점은 명백하므로 규정들의 성격에 따라 다시 판단해야 한다. 즉 그대로 國際裁判管轄 규칙으로 쓸 수 있는 것은 그대로 적용하고 수정하여야만 적용할 수 있는 것은 수정하여 國際裁判管轄 규칙으로 쓰고 적절하지 않은 규정은 아예 배제하여야 하는 문제가 남는다. ④단계는 특별한 사정의 법리에 따른 부적절한 法廷地의 법리를 받아들인 것이라고 평가하고 있다. 그러나 반드시 그렇게 볼 것인지는 의문이

7) 한충수, "國際私法의 탄생과 國際裁判管轄", 법조 2001.5(536권) 55-57면.

8) 석광현, "國際裁判管轄에 관한 연구", 서울대 대학원 법학박사학위논문, 2000.2., 136면에서는 민사소송법 제9조(현행법으로는 제11조로 재산소재지의 특별재판적을 규정한 조항을 말한다)가 섭외적인 요소를 갖고 있는 사건을 전제로 한 것으로서 적어도 문면상으로는 명백히 國際裁判管轄을 전제로 한 규정이라고 평가하고 있다.

다. 미국에서도 이 법리를 주에 따라 받아들이는 정도가 다른데 우리가 그 법리를 완전히 받아들인 것으로 해석하는 것은 의문이다. 또한 '특별한 사정'을 어느 정도까지 인정하느냐에 따라 예외의 범위가 결정될 것이므로 명확한 기준을 제시하는 것은 아니다.

다. 사건

國際私法 제2조 제1항에서 사건과 법원과의 "실질적 관련성"을 裁判管轄權 판단의 제1요소로 선언하고 있다. 그리고 동 제2항에서 "국내법의 토지관할 규정을 참작"할 것을 요청하고 또한 이 경우 "國際裁判管轄의 특수성을 충분히 고려할" 것을 규정하고 있다. 이러한 國際裁判管轄權에 대한 규정은 민사소송법에도 없는 것으로서 우리 법 사상 처음으로 등장한 것이다.[9] 그러나 최근 이에 대한 법원의 판단이 있었으며[10] 어느 정도 판례가 형성된 것으로 판단할 수 있다. 그러나 판결들은 國際裁判管轄權에 대하여 추상적 내용만을 말할 뿐 구체적인 기준을 제시한 것으로 평가받지는 못하고 있다.[11]

國際裁判管轄權은 그 법원의 조직이라든가 법의 존재 양식, 판사의 소양의 정도 등이 각국에 따라 다른 것이 보통이므로 국내 토지관할규정을 그대로 國際裁判管轄規則으로 볼 수도 없거니와 경우에 따라서는 혹여 국내법원에 裁判管轄權이 인정된다고 하더라도 외국법원에서 재판하는 것이 당사자의 정의에도 맞고 실효성에도 접근하는 경우가 있을 수 있으므로 國際裁判管轄規則은 국내토지관할규정을 기초로 판단하되 이러한 특수성을 반영하여 새로이 정립하라는 것이 법규정의 취지라고 보는 것이 타당할 것

9) 민사소송법 제217조에서 "國際裁判管轄權"이란 말을 사용하고 있으나 그 내용을 규정하고 있지는 않다.

10) 대법원 1992.7.28. 선고 91다41897 판결, 대법원 1995.11.21. 선고 93다39607 판결 등

11) 한충수, "섭외사법 개정법률안의 검토", 國際私法硏究 제6호 224면.

이다. 그러므로 그 규칙을 어떻게 정립할 것인가는 여전히 학설과 판례에 맡겨져 있다고 본다.

2. 準國際私法 사건에서의 管轄權

남북한 주민 사이의 법률관계에 대하여 일부 이견이 있기는 하지만 準國際私法的인 문제로 다루는 데에 학계는 대체로 동의하고 있는 것으로 보인다.[12] 그러나 우리 법원에서는 남북한 주민 사이의 이러한 準國際私法的 문제를 전혀 고려하지 않고 있는 것으로 보인다.[13] 그러나 이러한 태도는 곧 변경되어야 할 것으로 보인다. 앞으로 남북한 주민 사이에 생길 법률문제는 다양한 형태로 나타날 수 있기 때문에[14] 그 때마다 북한을 인정하지 않는 태도로 일관하는 것은 법적 문제를 바르게 해결하기 어렵게 만들 수 있기 때문이다. 남북한 주민 사이에 법률쟁송이 벌어졌을 때 어느 법원이 管轄權을 행사할 것인가? 準國際私法的인 문제에서도 管轄權 판단은 전제되어야 한다. 이에 대하여 별도의 규정이 없으므로 國際私法에서의 國際裁判管轄權規定을 유추해석하여 판단해야 하지 않을까 한다.[15] 따라서 남북한 주민 사이의 법률문제에 대하여서도 당사자 또는 분쟁의 대상이 된 사안이 남한과

12) 오수근, "남북한간의 國際私法적 문제" 國際私法硏究 제3호, 559면 이하: 임성권, "남북한 사이의 國際私法적 문제" 國際私法硏究 제4호, 171면 이하 참조.

13) 우리 법원은 북한지역을 아직도 "미수복지구로서 괴뢰정권이 참탈한 지역"으로 보고 있다. 따라서 국내법만 고려하여 적용한다. 이것은 우리 헌법의 영토조항에서 비롯된 것으로 남북한이 유엔에 동시가입한 이후엔 그 태도를 변경해야 마땅한 일이다(상게 논문 임성권 참조).

14) 離婚 사건 뿐만 아니라 상속 사건이 법원에 계류중이라고 한다. 그 외에 지적 재산권 문제도 제기되고 있다.

15) 이러한 문제에 대하여 일일이 그 실질사법적 내용을 별도로 규정하는 것이 타당하다고 하는 견해도 있다(오수근, 전게논문 574면 이하 참조). 물론 그렇게 별도의 실질사법적 법률을 갖게 되더라도 裁判管轄權 판단은 별개의 문제로 판단해야 한다.

실질적 관련이 있을 때에 우리 법원이 裁判管轄權을 갖는다. 이때 우리 법원은 국내 관할규정을 참작하여 裁判管轄權의 유무를 판단하여야 한다. 물론 이 경우 북한의 사법체계 등의 특수성을 고려하여 당사자에게 실질적인 형평성이 보장될 수 있게 해야 한다.

3. 이 사안에서의 판단

離婚 사건의 國際裁判管轄權을 판단하는 데에는 국적을 기준으로 하는 것이 통상적이라고 한다.[16] 부부가 국적을 달리하는 경우 부부 모두의 본국에 管轄權을 인정하는 견해, 피고인 부부 일방의 본국에만 管轄權을 인정하는 견해, 남편의 본국에만 管轄權을 인정하는 견해 등이 있을 수 있다. 또 國際裁判管轄權 판단의 기준으로 주소를 들 수도 있다. 부부의 주소가 서로 다른 경우 부부 각각의 주소지국에 모두 管轄權을 인정하는 견해, 피고인 부부 일방의 주소지국에만 管轄權을 인정하는 견해, 피고 주소지국을 원칙으로 하되 특별한 사정이 있는 경우 예외적으로 원고의 주소지국의 管轄權을 인정하는 견해 등으로 나누어질 수 있다.[17] 우리는 주소 대신에 常居所를 기준으로 판단할 수도 있다.

우리 대법원은 "외국인 간의 離婚審判請求事件에 대한 裁判請求權 행사는 소송절차 상의 공평 및 정의 관념에 비추어 상대방인 被請求人이 행방불명 기타 이에 준하는 사정이 있거나 상대방이 적극적으로 응소하여 그 이익이 부당하게 침해될 우려가 없다고 보여져 그들에 대한 심판의 거부가 오히려 외국인에 대한 법의 보호를 거부하는 것이 되어 정의에 반한다고 인정되는 예외적인 경우를 제외하고는 상대방인 被請求人의 주소가 우리 나라에 있을 것을 요건으로 한다"고 하여 제일 후자의 견해에 가까운

16) 오승룡, "섭외적 離婚관계에 관한 법적 고찰" 國際私法硏究 제3호, 762면 참조.

17) 이호정, 섭외사법, 한국방송대학교 출판부, 1998년, 338면 참조.

태도를 밝히고 있는 것으로 보인다.18)

그렇다면 이 사안에서는 어떻게 판단하는 것이 타당할까? 물론 우리 대법원에서는 북한 주민들도 대한민국 국민이라는 태도를 취하므로 부부 공통의 국적인 대한민국에 管轄權이 있고 대한민국 법을 적용한다는 일관된 견해를 가질 수도 있다.

그러나 앞에서 밝힌 바와 같이 이 문제를 準國際私法的인 문제로 보는 견해에서는 원칙적으로 被請求人의 常居所地에 裁判管轄權이 있고 예외적으로 소송절차 상의 공평 및 정의 관념에 비추어 상대방인 被請求人이 행방불명 기타 이에 준하는 사정이 있거나 상대방이 적극적으로 응소하여 그 이익이 부당하게 침해될 우려가 없다고 보여져 그들에 대한 심판의 거부가 오히려 이들에 대한 법의 보호를 거부하는 것이 되어 정의에 반한다고 인정되는 때에는 원고의 常居所地에 裁判管轄權을 인정해도 될 것이다.

이 사안에서는 피고인 남편이 북한 지역에 있는 것으로 추정만 될 뿐 생사 여부도 확인이 불가능한 경우이므로 원고의 常居所地인 남한에 裁判管轄權이 인정된다고 볼 것이다.19)

만약 피고 당사자인 남편의 생존이 확인되고 북한 지역에 거주하고 있는 사실이 확인된다면 그 때에도 남한에 裁判管轄權을 인정할 것인가? 이 때 남한에 裁判管轄權을 인정하려면 예외적인 사정이 존재하여야 할 것이다. 사법체계가 우리와 다르다는 사정만으로 예외를 인정하는 것은 곤란하다. 이 경우 원고가 재판을 북한에서 받는 것이 사실적으로나 법적으로나 곤란하다는 것이 그 첫째 이유가 될 것이다. 만약 앞으로 남북한 당국자 사이에 이에 대한 협의가 성립되어 그 절차 등을 따로 규정한다면 문제를 해결할 수도 있을 것이다. 아직 그런 시기가 도래하기까지는

---

18) 대법원 1975.7.22. 선고 74므22 판결에서는 이러한 이유로 管轄權을 인정하지 않았고 서울고등법원 1986.12.30. 선고 85드6506판결에서는 예외적인 사정을 고려하여 管轄權을 인정하였다.

19) 다만 이 사건의 경우 원고의 주소지는 부산인데 서울가정법원에 管轄權이 어떻게 인정된 것인지는 별도의 판단이 필요하다고 본다.

상당한 시일이 소요될 것으로 보이므로 현재로서는 원고 당사자가 북한에 있는 배우자를 상대로 하여 북한에서 離婚訴訟을 진행한다는 것이 법적으로나 사실적으로나 불가능하다. 그렇다고 하여 북한에 거주하는 배우자와의 婚姻을 지속하기도 곤란하므로 당사자 사이의 婚姻을 해소하기 위해서는 남한의 법원에 離婚訴訟을 제기하는 것이 법적으로 인정되어야 할 것이고 따라서 남한의 법원에 예외적으로 裁判管轄權이 인정된다고 하여야 한다.

Ⅲ. 離婚의 準據法

1. 國際私法의 규정

離婚의 準據法으로 婚姻의 일반적 효력의 準據法을 준용하고 있다. 다만 부부 중 일방이 대한민국에 常居所가 있는 대한민국 국민인 경우에는 準據法을 대한민국 법으로 하고 있다. 따라서 부부의 동일한 本國法, 부부의 동일한 常居所地法, 부부와 가장 밀접한 관련이 있는 곳의 법의 순서로 準據法을 정하게 된다.

2. 準國際私法 사건에서의 準據法

準國際私法 사건에서는 부부의 동일한 常居所地法, 부부와 가장 밀접한 관련이 있는 곳의 법의 순서로 準據法을 정해야 할 것이다. 제39조 단서를 準國際私法的 문제에도 적용할 것인가 하는 문제가 있다. 만약 이를 인정한다면 이러한 準國際私法的인 사건에서는 부부 중 일방이 대한민국에 常居所를 갖는 대한민국 국민인 경우에 해당하게 되므로 언제나 대한민국법을 적용하게 될 것이다. 따라서 이러한 견해를 피하는 것이 타당하다. 왜냐하면 이러한 견해를 따른다면 제39조 본문은 적용될 여지가 없게 되고 제39조 단서만 적용된다면 남북한 주민 사이에 문제되는 準國際私法的 사건으로서

의 독자적인 의미가 없게 되기 때문이다. 그러므로 제39조 단서는 準國際私法的 사건에는 적용이 배제된다고 보아야 한다.

3. 이 사안에서의 판단

남북한 주민 사이에 적용할 법을 실질사법으로 따로 정해야 한다는 견해도 있으나[20] 그런 단계가 아닌 현재로서는 準國際私法的인 논리에 따라 판단하여야 한다.[21] 이 사안의 경우에는 부부의 동일한 常居所地가 없으므로 부부와 "가장 밀접한 관련이 있는 곳"의 법을 선택해야 한다. 외견상으로는 이 부부에게 북한이 "가장 밀접한 관련"이 있다고 볼 여지가 있다. 그러나 부부가 그 지역을 탈출하여 생활한 점에서 보듯이 결혼생활의 근거를 북한에서 찾는 것은 곤란하다. 그렇다고 남편은 와보지도 않은 남한을 "가장 밀접한 관련이 있는 곳"이라고 곧바로 판단하는 것도 곤란하다. 공통의 이해관계가 있는 곳이 없으므로 판단에 어려움이 있다. 그렇다면 현재 離婚을 請求하는 사람의 常居所地가 그나마 "가장 밀접한 관련이 있는 곳"이라고 판단하는 것이 차선의 선택이 된다. 즉 法廷地로서의 법이 아니라 원고의 常居所地法이 그 準據法으로 되는 것이라고 보아야 한다.

Ⅳ. 親權行使者의 指定

1. 國際私法의 규정

離婚에 따라 親權行使者 指定의 문제가 나온다. 이 문제의 準

---

20) 오수근, 전게논문, 575면.

21) 물론 이 경우 제39조 단서를 적용한다면 문제는 간단하다. 언제나 대한민국 법을 적용하면 그만일 것이다. 그렇게 본다면 準國際私法的인 사건의 경우 準據法의 결정 문제 등은 전혀 고려할 가치도 없는 것이 되고 나아가 準國際私法的인 문제를 인정하지 않게 되는 것과 같다.

據法을 離婚의 準據法에 따를 것인가 아니면 親子關係의 準據法에 따를 것인가 하는 문제가 있다.[22] 親權의 행사는 권리보다는 의무의 성격이 더 강하므로 "子의 福利"를 중심으로 판단하는 것이 보다 타당하다고 본다.[23] 따라서 親權行使者 指定문제의 準據法으로는 원인이 된 離婚의 準據法에 따르는 것보다는 親子關係의 準據法에 따르는 것이 보다 적합하다고 본다. 이 경우에도 親子關係의 성립원인의 準據法에 따를 것인가 아니면 親子關係의 효력의 準據法에 따르는 것이 타당할 것인가 하는 문제가 있으나 親權行使者 指定의 문제는 이미 親子關係가 인정된 후에 발생하는 문제이므로 親子關係의 효력의 準據法에 따르는 것이 타당하다고 본다. 國際私法 제45조에서는 父母와 子의 本國法이 모두 동일한 경우에는 그 법에 의하고 그 외의 경우에는 子의 常居所地法에 의하도록 하고 있다. 즉 國際私法도 子의 福利를 중심에 놓고서 準據法을 선택하도록 한 것이다. 다만 원칙적으로 本國法에 연결하고 생활의 중심이 되는 常居所地法을 보충적인 연결로 한 점은 논리의 전개상 아쉬운 점이 있다.

2. 準國際私法 사건에서의 準據法

準國際私法 사건의 경우 국적 대신에 常居所地를 연결점으로 하므로 제45조를 유추해석하여 본다면 "父母와 子의 常居所地法이 모두 동일한 경우에는 그 법에 의하고 그 외의 경우에는 자의 常居所地法에 의한다"라고 하겠으나 전자의 경우는 아예 準國際私法的 문제로 등장하지도 않게 되므로 "子의 常居所地法에 의한

22) 오승룡, 전게논문, 780면에서 자의 양육 문제를 다루면서 이를 離婚의 효과로 보기보다는 親子關係에 관한 문제로 파악하는 타당하다고 하는데 같은 경향이라고 판단된다.

23) 석광현, 전게서, 355면에서는 "자의 이익을 보호하기 위해 연결의 중심에 자를 두"었다고 서술하고 있는데 동일한 취지로 볼 수 있겠다.

다"라는 부분만 남게 될 것이다. 따라서 準國際私法的 사건에서는 子의 福利를 최우선으로 하는 현대법의 경향과도 일치하는 해결을 보게 된다.

3. 이 사안에서의 판단

이 사안에서는 子의 常居所地가 남한이므로 대한민국 법을 準據法으로 적용하게 된다.

Ⅴ. 기타의 문제

1. 送達

피고에게의 訴狀 送達 문제가 있다.[24] 피고가 재판에 참여하여 공정한 재판을 받을 권리는 보장되어야 한다. 그러나 본 사안의 경우 피고에게 送達할 방법이 없고 또 설혹 送達이 된다고 하더라도 피고가 재판에 참석할 방법이 끊어져 있는 상황이므로 부득이하게 公示送達에 의하여 절차를 진행하였다. 그러나 公示送達에 의하더라도 문제가 남는다. 즉 민사소송법의 규정에 의하여 국내의 경우 2주일을 공시하면 되지만 외국이라면 2월 동안 公示하여야 하는데 이에 대한 판단이 문제되는 것이다. 현행 헌법상으로는 북한이 미수복지구로서 우리의 영토에 속하게 되겠지만 1991년 남북한이 유엔에 동시가입하고 남북한 사이에 기본합의서가 교환되어 있는 상황에서 그 기본합의서가 남북한 사이의 관계를 "나라와 나라 사이의 관계가 아닌" 특수한 관계임을 표창하고

---

24) 이 사안에서 送達 문제에 대하여는 판단을 하지 않았다. 다만 재판을 담당했던 판사의 대외 해설에 의하면 원고의 公示送達을 받아들이고 이러한 公示送達에 의한 절차진행으로 인한 피고의 불이익은 향후 추완항소를 통하여 구제받을 수 있을 것이라는 견해를 제시하였다.

있으므로 북한을 우리의 국내로 다룰 수도 없고 외국으로 다룰 수도 없다. 국내법으로서 남북교류협력에관한법률이 제정되어 있지만 이 법은 남북한 주민간의 접촉, 왕래, 교류를 주된 적용대상으로 다루고 있을 뿐이다. 따라서 남북한 주민 사이의 이러한 법률쟁송에 대한 절차적인 내용이 남북한 당국자 사이에 합의되어야 한다. 앞으로 남북한 당국 간에 이에 대한 협의를 통하여 문제가 해결될 것을 기대한다.

2. 先決問題로서의 婚姻의 有效性 판단

先決問題의 해결에 대하여 法廷地의 國際私法에 의하여 準據法을 결정하여야 한다는 견해와 본문제 準據法인 나라의 國際私法에 의하여 準據法을 정하여야 한다는 견해가 있다. 婚姻의 법률효과는 부부재산제, 離婚, 親子關係, 事後婚에 의한 準正, 法定相續權, 遺留分 등 여러 가지가 있는데 이러한 문제들이 사안이 되었을 때 그 先決問題의 準據法을 본문제 準據法이 소속되는 나라의 國際私法에 따라 정한다면 하나의 婚姻의 효력이 문제되는 사안에 따라 유무효의 판단이 달라질 수 있다. 따라서 先決問題의 準據法 선택은 法廷地의 國際私法에 의하여 결정하여야 한다.

본 사안에 이를 적용하면 婚姻의 有效性 여부는 우리 國際私法 제36조를 유추해석하여 북한의 법에 의하여 결정하여야 한다. 즉 북한의 婚姻法에 따라 이 婚姻의 유효 여부를 판단하여야 한다.

북한의 婚姻法은 1990.10.24. 최고인민회의 상설회의 결정 제5호로 제정한 조선민주주의인민공화국 가족법이 이에 해당되는데 규정 내용이 빈약하여 가족법 전반을 규율하기 어려우므로 종래의 법령이나 해석론에 의존하여야 하는 경우가 많고 입법기술상의 치밀성이 결여되어 해석상 논란의 여지가 많다고 한다.[25] 북

25) 신영호, “북한 가족법의 회고와 전망”, 북한법률행정논총 제10집, 고려대

한의 가족법 제11조 제1항에서 "결혼은 신분등록기관에 등록을 하여야 법적으로 인정되며 국가의 보호를 받는다"고 하여 법률혼주의를 택하고 있다. 북한 가족법이 우리의 공서에 반하지 않는 한 원칙적으로 그 적용결과를 인정하여야 한다. 이렇게 북한 가족법에 따라 婚姻이 유효한 것으로 판단하더라도 우리 법원이 북한의 가족법을 적용한 것은 아니다. 또한 북한 가족법에 따라 유효한 婚姻으로 인정한 결과가 우리의 공서에 반하는 것도 아니다. 그러므로 이 사건에서 법원이 북한 법의 적용 여부를 판단하지 않고서 대한민국의 헌법 및 북한이탈주민의보호및정착지원에관한법률에 의하여 이 婚姻의 有效性을 인정한 것은 부당하다.

婚姻의 실질법적 효력에 대하여 학설의 대립이 있을 수 있다. 우선 우리 헌법 제3조의 우월성을 주장하면서 북한에서의 婚姻 등 신분질서의 형성을 전면적으로 부정하는 견해가 있을 수도 있는데 사법적인 질서의 형성은 공법적인 원리와 달리 보아야 하므로 그러한 태도는 도저히 수용할 수 없다. 그리고 북한에서의 婚姻을 유효로 보더라도 그 효력이 발생하는 시기에 대하여 논의가 있을 수도 있다. 북한이탈주민의보호및정착지원에관한법률이 정하는 취적허가에 따른 婚姻은 일정한 절차에 따라 서울가정법원으로부터 취적허가와 호적기재의 촉탁에 의하여 호적이 편제될 때 그 婚姻이 법률상 有效性을 갖게 된다고 보는 견해가 있을 수도 있는데 이 견해는 서울가정법원이 취적허가를 한 때로부터 우리 법상의 법률혼이 성립한다고 그 성립의 시기를 약간 소급할 수도 있지만 어느 쪽이든 타당한 견해라고 보기 어렵다. 이러한 견해는 북한에서의 신분질서의 형성을 우리 법상 전면적으로 부정하는 견해와 별다른 바 없다.

북한에서의 신분질서 형성이 북한 법에 따라 이루어졌다면 그 효력을 그대로 그 때부터 인정하여야 한다. 북한이탈주민의보호

학교 법학연구소, 1995, 132면.

및정착지원에관한법률이 정하는 취적허가는 일종의 보고적 신고로서의 효력이 있을 뿐이라고 보아야 한다.[26)]

Ⅵ. 맺는 말

이 사건이 신문에 보도된 이후 북한에서 온 탈북자들 중 상당수의 사람들이 서울가정법원에 離婚請求를 하였다는 이야기가 있다. 그것은 그 사람들이 그럴 필요성을 상당히 가지고 있다는 말이다. 즉 탈북자들도 정상적인 법률서비스를 받고 싶어 하는 것이다. 이러한 문제를 법적으로 해결할 필요성을 이제 진지하게 다루어야 할 때이다. 남북한 주민 사이에 離婚 사건 외에도 相續問題와 知的 財産權 問題가 제기되고 있다고 한다.

이러한 문제들을 다루기 위해서는 우선 남북한 당국자 사이에 이러한 문제들의 법적 처리를 위한 절차에 대한 협의가 필요하다. 특히 판결에 대하여 당사자들이 후에 다시 재판을 청구하여 다투는 사태가 생기지 않도록 할 필요가 있다. 재판에 참여하지 않은 당사자가 나중에 追完節次에 의하여 다툴 수 있으므로 그 재판은 정당하다는 주장은 곤란하다. 재판의 正當性은 당사자가 재판에 공정하게 참여할 수 있을 때 긍정된다. 따라서 이러한 절차를 어떻게 형성할 것인가에 대한 남북한 당국자들의 협의가 시급한 형편이다.

절차에 대한 남북한 당국자 간에 합의가 도출되기 전까지는 재판을 하지 않고 마냥 연기하는 것이 타당한가. 그렇지 않다는 것은 누구나 알 수 있는 일이다. 당사자들에게 그러한 재판의 무기한 연기는 고통의 시간이 연장된다는 것과 다름없다. 이들에게도

---

26) 정상규, "탈북자 離婚사건에 관한 연구"(미공간), 2004.9.10. 한국가족법학회와 서울가정법원 공동세미나, 64-66면.

헌법상의 幸福追求權이 일반인과 동일하게 인정된다. 또한 裁判請求權도 인정된다. 따라서 이들이 일종의 섭외적인 성격이 있는 사건을 법원에 제기하는 경우에 법원은 이것을 그냥 미루어둘 수는 없다. 우리 국회가 이러한 사건을 다루는 특별법을 형성한다면 그나마 바람직하겠지만 그렇지 않은 현재로서는 우리의 國際私法을 類推解釋하여 적용하는 것이 가장 합리적인 선택이라고 할 것이다. 즉 準國際私法的인 사건으로 보아서 문제를 해결하는 것이 타당하다. 이 문제를 우리의 헌법 적용문제로 오해하고 사건에 대하여 북한 법의 적용이라는 시각을 갖는 것은 무척이나 잘못된 일이다. 남북한 주민 사이의 法律爭訟에 대하여 우리 헌법의 적용범위 내의 문제로만 다루어 헌법 제3조의 適用說, 修正適用說 등을 주장하는 것은 결코 적절한 문제 해결의 길이 아니다. 더군다나 南北基本合意書가 있고 남북한이 동시에 유엔에 가입한 지도 벌써 십여년이 지났다. 그리고 헌법은 정치적인 성격의 법이다. 헌법에 얽매여서 이러한 사건을 다루는 것은 타당하지 못하다. 이러한 사건의 본질을 제대로 보자면 準國際私法的인 문제로 다루어야 한다. 물론 그러더라도 소송절차적인 면에서 법적인 흠결이 있는 것도 사실이다. 특히 送達 등에서 그러하다. 이 부분에 대한 입법적인 보충이 있어야만 한다. 남한에 거주하게 된 북한 출신들의 법적인 수요를 이제 무시해서는 안될 것이다.[27)]

---

27) 앞의 제3장의 글 마무리의 뒤인 여론에서 밝힌 바와 같이 어느 정도의 입법적 보충이 있었다고 할 수 있다. 즉 북한이탈주민의보호및정착지원에관한법률이 개정되어 북한이탈주민이 남한에서 새로이 결혼하기 위하여 북한에 있는 남편과 이혼하는 것이 현실적으로 가능하게 되었다. 그러나 전면적인 해결책을 제시한 것은 아니다.

제 2 부　북한 민법

제5장 북한 민법상의 불법행위에 관한 고찰

[목 차]

Ⅰ. 序言

1998년 가을부터 北韓 내의 금강산을 관광할 수 있는 길이 열

* 이 글은 인하대학교 법학연구소 법학연구 제1집 93면-115면에 실려 있다.

리게 되었다.[1] 뿐만 아니라 나진 선봉 지역에는 원전을 건설하기 위한 인력이 이미 1997년부터 일하고 있다[2]. 그리고 南北韓 사이에는 홍콩을 매개로 하여 간접적인 무역거래가 있어 왔으며 더 나아가 직접거래도 가시화하고 있다.[3] 또 금강산관광의 물꼬를 튼 격이 된 한우 500마리의 北韓이송이 國際的인 화제가 되었다[4]. 이렇게 南北韓 사이에는 앞으로 더욱 많은 거래가 있을 것이며 그에 따라 법적인 問題가 생길 소지가 더 많아진 것이다.[5]

이러한 교류의 장에 있어서 법적인 측면에서의 논의를 할 수 있는 최초의 문건은 1992년 2월 19일 평양에서 열린 제 6차 남북고위급회담에서 공식으로 발효된 '남북 사이의 화해와 불가침 및 교류 협력에 관한 합의서'(이하 기본합의서로 약함)라고 할 수 있다. 이 기본합의서는 1991년 12월 서울의 제 5차 회담에서 쌍방의 총리가 합의 서명한 것이다. 이 기본합의서는 남과 북의 관계를 "나라와 나라사이의 관계가 아닌 統一을 지향하는 과정에서

---

1) 1998년 11월 18일 금강산행 배가 첫 출항하여 다음 날 아침에 장전항에 도착하여 역사적인 첫 관광이 이루어졌다.

2) 1997년 8월 19일에 한반도에너지개발기구(KEDO)가 북한에 제공할 경수로의 부지준비공사가 함경남도 신포 금호지구에서 착공되었다. 이곳은 북한 당국의 간섭이 배제된 '특구'라는 점에서 남북한 근로자들 간에 자유로운 접촉이 가능할 것으로 보인다. 물론 이 지역에서 한국근로자와 관련해 발생할 모든 영사업무는 우리 외교관이 처리하게 된다. 이 지역 KEDO 사무소에 2명의 외교관이 1997년 7월 28일 파견되어 있으며 동년 7월말 현재 기술진 80여명이 들어가 있다. 그 후 1년 동안에 연인원 800여명의 기술자와 근로자가 현장을 방문하였고 현재에도 근로자 150여명이 북한측 근로자 1백여명과 일하고 있다.

3) 1998년만 해도 남북한간의 교역은 7월까지 반출 1억4만9천달러, 반입 4천24만8천달러, 그리고 위탁가공교역은 반출 1억3천3백77만4천달러, 반입 1억3천6백90만5천달러를 각각 기록했다.<동아일보1998. 9.1.>

4) 정주영씨의 이른바 "통일소"의 북송(1998.6.16.)은 나중에 그 소들 중의 일부가 폐사한 사건(1998.9.20. 500마리중 15마리가 폐사하고 8마리가 폐사직전이라고 북한 발표)과 관련하여 증여자의 담보책임의 문제가 제기될 수 있는 소지가 있었다.

5) 금강산 여행계약과 관련한 많은 문제점들이 고려되지 않은 채 관광의 실행이 먼저 이루어지고 있다.

잠정적으로 형성되는 특수관계"라고 보고 있다. 따라서 남북한 사이의 법적 지위의 변화에 따른 시각의 변화가 이루어져야 할 것이다.[6)]

남북한의 통일을 지향함에 있어서 독일의 통일은 상당히 고무적인 일이라고 생각한다. 獨逸人들은 1990년 10월 3일 이후 하나의 國民이 되었는데 이러한 統一의 과정은 독일인들의 오랜 동안의 준비에도 불구하고 사실상 독일인들에게 급작스럽게 진행되어 統一後 부딪히게 된 많은 문제들에 대한 충분한 법적인 준비가 없었다. 따라서 아직은 民事法的인 문제들, 예를 들어 土地所有權의 歸屬問題 등이 해결책을 기다리고 있다. 그렇지만 獨逸의 統一은 東獨領域內의 5個洲가 獨逸聯邦에 가입하는 방식으로 전개되어 統一後 새로운 法의 制定이라든가 法의 改正 등의 문제가 본격적으로 제기되지 않은 채로 東獨 領域內에도 獨逸民法이 適用되게 되었다. 따라서 東獨 領域內의 처지에서 본다면 法의 改正에 유사한 모습이 되어 일종의 時際私法的인 문제가 등장하는 셈이 될 것이다. 따라서 이의 해결을 위한 經過規定에 유사한 특별규정을 둠으로써 문제의 해결이 가능한 것으로 보인다.[7)] 그렇지만 이러한 民法분야에 있어서도 경제적 관계의 형성과 청산에 관하여는 西獨의 法이 동독의 領域에서도 시행되어야만 할 것이

---

6) 우리의 憲法 第3條는 아예 北韓領域에까지도 법의 효력이 미치는 것을 전제로 규정하고 있다. 南北關係의 변화에 맞추어 이 條項을 改正내지는 廢止하여야 할 것이라고 보는 견해가 많다. 또는 이 條項의 일정한 의미는 失效되었다고 볼 수도 있을 것이다. 또한 대법원은 주로 國家保安法사건의 형사판결에서 북한은 反國家團體라고 보고 있다. 대판 1990.6.8, 90도646, 대판 1990.9.25, 90도1451, 대판 1991.2.8, 90도2607, 대판 1991.11.22, 91도2341 등. 또 대판 1991.4.23, 91도212은 '우리 정부가 북한당국자의 명칭을 쓰면서 남북국회회담과 총리회담을 병행하고 정상회담을 도모하며 유엔 동시가입을 추진하는 등 한다 하여 북한이 ... 반국가단체가 아니라 할 수 없'다고 한다.

7) 兩獨은 1990년 8월 31일에 체결한 獨逸統一作業에 관한 條約에서 西獨 民法典의 모든 규정이 1990년 10월 3일부터 聯邦의 새로운 5個 洲에서도 施行되게 하였고 家族法과 相續法 분야에 대하여는 일정한 例外를 규정하였다.

라고 보는데, 한편 民法이 시민의 그 밖의 人的 關係와 財産法的 關係를 규율하는 한, 獨逸 民法을 그대로 適用하는 것은 의심스럽다고 보는 견해도 있다.[8)] 따라서 독일의 경우는 우리에게 많은 시사를 준다고 할 수 있다. 즉 통일은 아무리 많은 준비를 하더라도 지나침이 없다는 것과 통일을 대비한 법제도적인 연구가 선행되어야 한다는 점이다. 따라서 이 글은 이러한 점을 염두에 두고 조그마한 도움이라도 되고자 쓴 것이다.

우리 정부의 統一方案을 살펴보면 統一以前에 國家聯合의 段階를 거쳐 聯邦段階로 들어가고 다음에 統一된 單一國家를 지향함을 알 수 있는 바, 이에 따르면 兩 不法行爲法의 統一 以前에 반드시 國際私法 내지는 準國際私法的인 문제가 먼저 등장할 것이 예상되지만 이에 대하여는 여기서 다루지 않기로 한다.

지난 1990년 9월에 北韓에서는 民法을 제정하였다.[9)] 北韓의 民法은 그 규율하는 대상이 우리의 民法과 다르고 그 體系 또한 여러 점에서 다르긴 하지만 그러한 것은 여기서는 다루지 않기로 한다.[10)] 여기서는 北韓의 不法行爲規定을 중심으로 검토하여 우리의 不法行爲法과 比較 硏究하기로 한다. 더군다나 우리도 그 사이에 民法을 여러 번 改正하였으나 不法行爲法에는 손댄 바가 없기 때문에 우리의 不法行爲法을 다른 각도에서 한번 살펴 볼

8) H.Kötz,“Haftungsrecht in Deutschland”, 北韓法律行政論叢 제8집 293면 이하.

9) 1990년 9월 5일 최고인민회의 상설회의 결정 제4호로 채택하였다. 1950년에 민법전 제1초안, 1958년에 제 2초안을 작성한 바 있으나 민법전으로 성립하지는 못하였고 여러 단행 법률로써 민사관계를 규율하여 왔던 것으로 보인다. 특히 1982년의 잠정민사규정과 1983년의 민사규정시행세칙에 의하여 상당한 정도가 이미 성문화된 규범으로 민법의 대강을 이루어 온 것이 아닌가 한다.

10) 南北韓 民法의 대체적인 比較와 分析에 관하여는 崔達坤, “南北韓 民法의 比較硏究”, 北韓法律行政論叢 제 7집 77面이하, 그리고 北韓民法의 成立에 이르기까지의 간단한 成立史는 申榮鎬, “北韓民法 40年과 그 動向”, 北韓法律行政論叢 제 8집 129面이하 참조. 다만 이러한 論文들은 北韓의 民法이 나오기 전에 북한의 민법 교과서를 중심으로 연구한 것이므로 다시 검토할 필요가 있다.

필요도 있다. 특히 西歐의 現代 不法行爲法理論에서는 危險責任의 原理가 상당히 폭 넓게 주장되고 있는데 반하여 우리 民法은 이에 대하여 그다지 많은 고려를 하고 있지는 않다. 이에 반하여 최근에 성립한 北韓의 민법은 위험책임의 원리가 상당히 반영되어 있다고 보이는데 이러한 북한의 불법행위법규정을 분석하여 우리 不法行爲法의 규정과 비교 검토함으로써 兩者의 接近 方向을 摸索해 보고자 한다. 불법행위라는 것은 어느 사회에서나 존재하는 것이고 불법행위를 규율하는 목적은 결국 사회에 발생한 손해라는 결과를 공평하게 분배하는 것이라고 할 수 있다. 따라서 그 사회체제에 상관없이 접근이 용이하기에 남북한의 법통일을 위한 모색에서도 우선 가능한 주제로서 다룰 수 있지 않을까 한다.

南北韓 不法行爲法의 接近을 위한 方法論으로서 두세 가지 정도의 길이 있다고 볼 수 있다. 하나는 法社會學的인 接近으로서 남북한의 실제 법생활을 연구하여 접근 가능한 길을 찾는 것이고, 또 하나는 法解釋學的인 接近으로서 단순한 法條文의 解釋研究를 통한 길이다. 북한의 법생활이 어떤지를 알기 위해서는 실제 북한의 법원에서 내린 판결례를 연구 검토하는 것과 시민들의 법생활을 연구하는 것이 상당히 중요하나 지금으로서는 그것을 알기 어렵고 따라서 후자의 접근 방법을 취할 수밖에 없지 않을까 한다. 물론 두 접근법은 상호 연관을 갖고 있고 상호 보완적인 기능을 하는 것이 분명하지만 지금으로서는 한계를 갖고 시작할 수밖에 없다. 다만 이러한 접근 분석에 있어 어떠한 법체계를 기초로 할 것인가가 문제되는데 민사법분야에 있어 특히 불법행위법에 있어서는 개인책임의 원리가 가장 중요시된다고 할 것이고 또한 불법행위의 결과를 어떻게 사회에 공평하게 분배할 것인가를 생각하지 않을 수 없다. 따라서 이러한 관점에서 불법행위의 성립요건을 중심으로 양 불법행위법의 접근을 모색하고자 한다.

Ⅱ. 北韓 民法上의 不法行爲의 一般的 成立要件

1. 序

北韓 民法 제4편 "민사책임과 민사시효제도"의 제1장에 "민사책임"이라는 제목 아래 不法行爲責任과 債務不履行責任을 함께 규정하고 있다. 동 민법 제240조[11]와 제241조[12] 규정에 따라 不法行爲의 일반적 成立要件을 추출하면 민사상 권리의 침해, 허물, 損害의 발생, 民事行爲能力 등이 나온다. 물론 損害의 발생이라는 요건은 제240조와 제241조에서는 찾을 수 없으나 제242조에서 民事責任의 형태로서 재산의 반환, 원상복구와 손해보상을 들고 있고 제244조, 제247조, 제250조, 제257조에서는 '손해를 일으킨 경우'일 것을 요구하고 있으며, 또한 제245조와 제248조, 제249조, 제251조, 제255조, 제256조 등에서는 '해를 준 경우'란 표현을 사용하고 있는 것으로 보아 그 요건을 추출할 수 있다.

여기서 '손해를 일으킨 경우'와 '해를 준 경우'를 北韓 民法에서는 구별하여 사용하고 있으나 그것은 재산만의 損害 발생의 경우에는 '손해'라는 표현을 쓰고 재산이나 인체에 損害를 발생시킨 경우에는 '해'란 표현을 사용한 것으로서 우리 民法상 '損害의 발생'과 같은 것으로 보인다. 따라서 법률용어상의 차이는 별 큰 차이를 가져오지 못할 것이다.

---

11) 북한 민법 제240조는 "기관, 기업소, 단체, 공민은 남의 권리를 침해하였거나 자기의 민사상 의무를 위반하였을 경우에 민사책임을 진다."라고 규정하고 있다. 따라서 이 규정은 불법행위책임과 채무불이행책임을 함께 규정하고 있는 것으로 구 소련 민법과 중국(대륙) 민법과 같은 경향을 보이고 있다.

12) 제241조는 "민사책임은 법이 달리 정하지 않은 이상 허물이 있는 경우에 진다. 계약 또는 법을 어긴 자가 자기에게 허물이 없다는 것을 증명하지 못하면 허물은 그에게 있는 것으로 본다."라고 규정하고 있다.

2. 違法性과 민사상 권리의 침해

우리 民法에서는 違法行爲란 말 속에 違法性의 개념을 포함하고 있는데 違法性의 판단에 관하여 형식적 違法論과 실질적 違法論의 대립이 있으나[13] 실질적 違法論이 통설의 지위를 갖고 있다고 할 수 있다.[14] 따라서 違法性의 평가기준이 되는 것은 형식적 法律에 제한되지 않고 社會生活上의 실질적인 規範이다.

이에 반하여 北韓 民法에서는 '민사상 권리의 침해'라는 요건을 요구함으로써 일종의 형식적 기준에 의하는 것으로 보인다.[15] 구체적으로 무엇이 민사상 권리의 침해에 해당하는가를 논하기는 쉽지 않다. 北韓의 법생활의 실제를 알기 어렵고 법원의 판결례를 구할 수 없기 때문이다. 그러나 대체적으로 생명, 신체, 건강, 소유권 등을 침해하는 行爲는 여기에 해당하는 것으로 보인다. 따라서 北韓 民法은 국민의 법률감정이 賠償義務를 요구하는 경우를 망라하지 못할 것으로 보인다.

다음에 違法性阻却事由에 대하여 간단히 살펴보면 우리 民法의 경우에는 제761조에서 正當防衛와 緊急避難을 규정하고 있는데 北韓 民法의 경우에는 제256조에서 규정하고 있다. 즉 '공민이 정당방위를 위하여 또는 자연재해나 비법침해로부터 국가와 사회의 리익을 보호하기 위하여 필요한 정도를 넘지 않는 범위에서 불가피하게 남의 재산이나 인체에 해를 준 경우에는 민사책임을' 면제하고 있다. 이러한 '국가와 사회의 리익을 위하여 불가피하게 남의 재산에 손해를 준 경우에 그것으로 인하여 구원된 재산의' 소유자는 '해를 입은 자의 손해를 보상하여야' 한다.[16] 따라서 위

13) 郭潤直, 債權各論(新訂修正版), 박영사, 2000년, 488面 이하 참조.

14) 李銀榮, 債權各論(제4판), 박영사, 2004년, 801面 이하 참조.

15) 북한 민법 제240조.

16) 북한 민법 제257조.

법성조각사유에 있어서는 별 차이를 보이지 않고 있다.

3. 故意 · 過失과 허물

우리 民法을 포함하여 近代法에서는 加害者 자신의 故意 · 過失 있는 行爲에 대하여서만 責任을 지고 他人의 行爲에 대하여서는 責任을 지지 않는다는 自己責任의 原則을 택하고 있는데 이를 過失責任主義라고도 한다.[17] 故意 또는 過失을 요건으로 하고 있으나 사실 故意不法行爲와 過失不法行爲와의 사이에 어떤 엄격한 한계설정은 필요하지 않다. 다만 그 양자는 損害賠償의 범위결정에 있어 약간의 차이를 보일 뿐이다.[18]

北韓 民法의 경우도 역시 마찬가지로 이러한 故意 · 過失에 해당하는 요건을 요구하고 있는 것으로 보인다. 제241조 제1문에서 "민사책임은 법이 달리 정하지 않은 이상 허물이 있는 경우에 진다." 라고 규정하고 있는 바, 여기의 '허물'이라는 용어를 故意 過失로 보아 다름이 없을 것이다. 이렇게 본다면 北韓 民法도 근대법의 過失責任主義를 취하고 있는 것이라고 할 수 있다. 다만 近代民法의 경우 被害者(請求者)쪽에서 加害者에게 그러한 故意 · 過失 있음을 立證하는 것이 보통임에 반하여[19] 北韓 民法의 경우 동조 제2문에서 "... 또는 법을 어긴 자가 자기에게 허물이 없다는 것을 입증하지 못하면 허물은 그에게 있는 것으로 본다." 라고 규정하여 오히려 立證責任을 전면적으로 加害者에게 넘기고 있다. 우리 民法의 경우에는 특수한 不法行爲의 경우에 예외적으로 加害者에게 立證責任을 부담시키고 있다.[20] 이러한 立法에 의

17) 郭潤直, 前揭書, 472-480면; 李銀榮, 前揭書, 784-800面 참조.

18) 李銀榮, 前揭書, 784面 이하 참조.

19) 물론 우리 民法의 경우 그러한 立證責任에 관한 명백한 규정은 없지만 故意 過失은 不法行爲의 적극적인 성립요건이므로 그 立證責任은 不法行爲의 성립을 주장하는 자가 負擔하게 된다는 데 異說이 없다.

한 立證責任의 轉換은 사실상 加害者의 責任을 무겁게 하는 것이 되고 실제에 있어서는 過失責任을 無過失責任에 접근시키는 것이 된다.[21] 따라서 北韓 民法의 이러한 규정형식은 근대법원리와는 상당히 다른 것이다. 물론 故意 또는 過失이 주관적 요건이기 때문에 立證責任을 지는 자는 그 立證에 상당한 부담을 갖는 것이 보통이다. 사실상 우리 法의 경우에서도 이러한 故意·過失이란 주관적 요건을 立證하기란 그리 쉬운 일이 아니기 때문에 立法上의 立證責任의 轉換외에도 過失의 推定을 하여 立證責任을 사실상 轉換시키는 것을 많이 보게 된다. 즉 被害者쪽에서 加害行爲로 損害가 발생하였음을 立證한 때에는, 加害者에게 過失이 있는 것으로 推定하게 되어, 加害者쪽에서 過失없었음을 立證하지 못하면 責任을 지게 되는 것이다.[22] 그러나 이것은 立證責任의 轉換은 아니고 公平의 理想에 基한 過失의 推定을 함으로써 加害者가 그만큼 불리한 입장에 서게 되고 反證을 적절히 들지 못하면 訴訟에서 패하게 된다는 섯을 의미할 뿐이다.

결국 우리 法과 北韓의 法과는 규정상 차이뿐만 아니라 실제에 있어서도 차이를 나타내고 있다고 볼 수 있다. 그리고 그 결과는 北韓法에 따를 때에 불법행위가 성립하는 범위가 더 넓어진다고 할 수 있겠다.

過失責任主義의 補完的 法原理라고 불리는 危險責任의 原理는 特殊不法行爲責任에서 論하기로 한다.[23]

---

20) 민법 제755조 내지 759조 참조.

21) 이러한 의미에서 立證責任의 轉換을 中間責任이라고 부르기도 한다.

22) 判例에서 이러한 過失의 推定을 인정한 사례를 찾기란 그리 어렵지 않다. 자동차의 전복사고와 운전수의 과실추정에 관한 대판 1959.10.29, 4292민상67을 위시하여 대판 1962.1.18, 4294민상507; 대판 1965.9.11, 65다1385; 대판 1980.2.26, 79다2138 · 2139; 대판 1980.5.13, 79다1390 등.

23) 危險責任의 原理는 지상에 고정된 工作物뿐만 아니라 움직이는 공작물인 철도, 자동차, 항공기 등 고속의 운반체, 그리고 공작물이라고 볼 수 없는 가스, 물, 전기 등의 에너지의 집합 및 공급, 환경보호, 의약품 등에서 널리

4. 損害의 發生

우리 民法의 경우 不法行爲責任을 묻기 위해서는 加害者의 加害行爲로 인하여 被害者에게 損害가 發生하여야 한다.24) 이때의 損害란 財産的 損害 뿐만 아니라 精神的 損害도 포함하는 것이라고 볼 것이므로 民法 제751조의 규정은 注意的인 것으로 해석하는 것이 일반적이다.25)

위에서 본 바와 같이 北韓 民法의 경우 損害發生이라는 要件을 각 조항에서 끌어낼 수 있는데 여기의 損害의 개념 속에 精神的 損害가 당연히 들어가는 것이라고 볼 수 있는 근거가 없다. 더군다나 北韓法上의 不法行爲 개념의 정의에 있어 "비법적으로 상대방의 재산을 침해하거나 인신을 침해함으로써 재산상의 손실을 보게 하였을 경우에 그 손해를 보상하게 하는 제도"26)라고 하고 있어27) 精神的 損害의 개념에 대하여는 말이 없다. 그러나 '인체에 해를 준 경우'28)와 '사람의 건강과 신체에 해를 준 경우'29)를 반드시 財産上의 損失로만 볼 필요는 없지 않을까 한다. 즉 우리 民法의 경우와 마찬가지로 精神的 損害를 포함하는 것으로 해석할 수도 있으나 다만 北韓에서의 실제 법해석이 어떠한 지는 자세히 알 길이 없다.

문제된다.

24) 민법 제750조는 이를 명문으로 규정하고 있다.

25) 郭潤直, 前揭書, 502面; 李銀榮, 前揭書, 765面 등.

26) 민법학2, 김일성종합대학, 1985, 평양, 54면. '비법적으로'가 무엇을 뜻하는지 해석이 문제되나 이는 맑스법이론과도 연관이 되고 따라서 불법행위의 개념 자체가 전혀 달리 파악될 수 있는 것도 사실이나 이에 대하여는 여기서 다루지 않기로 한다. '북한의 법규범과 법현실'에 대하여는 최종고 교수의 동 제목의 논문이 있다(서울대 법학, 제33권 1호, 181면 이하).

27) 개념정의 중의 강조는 필자가 한 것임.

28) 북한 민법 제245조, 제249조, 제251조, 제255조, 제256조.

29) 북한 민법 제248조.

加害者가 賠償하여야 할 損害는 '가해행위'로 피해자에게 '준 손해'이므로 加害行爲와 損害發生 사이에는 因果關係가 필요하다.[30] 北韓 民法 제245조와 제249조, 제251조, 제255조, 제256조는 '...남의 재산이나 인체에 해를 준...'이라고 하고 있고 제248조 역시 유사한 표현을 쓰고 있으며, 제247조와 제250조, 제257조는 '남의 재산에 손해를 준 ...'이라는 표현을 쓰고 있는데 역시 이러한 加害行爲와 損害發生과의 사이에 因果關係가 있어야 한다고 할 것이다.

따라서 손해의 개념에 차이가 생길 수 있는 점만을 제외하면 남북한 불법행위법 사이의 '손해발생'이라는 요건에 대하여는 별 차이가 없다.

5. 責任能力과 民事行爲能力

責任能力이란 加害行爲에 대한 損害賠償責任의 歸屬에 있어서 加害者의 事情에 기초하여 免責與否를 결정하는 기준으로서 責任能力이 故意·過失의 전제가 된다고 하며, 責任能力을 '자기의 行爲의 責任을 인식할 수 있는 能力'으로 파악하고 法律行爲의 意思能力과 대비하여 '不法行爲能力'이라고 한다.[31] 우리 民法上 責任能力이 문제되는 경우는 未成年者의 경우와 心神喪失者의 경우 등이다. 다수설은 責任能力을 '그 行爲가 법적으로 허용되지 않으며, 만일에 그것을 감히 행한다면 법률상의 責任을 지게 된다는 것을 인식하는 지능'으로 이해한다.[32] 그러므로 未成年者의 責任能力은 그의 연령을 기초로 판단하는데 학설은 대체로 12세 정도면 責任能力을 갖춘다고 본다.[33] 판례는 동일연령의 경우에

30) 民法 제750조의 해석. 郭潤直, 前揭書, 502面; 李銀榮, 前揭書, 774面 이하 참조.

31) 多數說의 견해이다. 郭潤直, 前揭書, 697面 참조.

32) 郭潤直, 前揭書, 483面 참조.

도 責任能力을 인정하기도 하고 부정하기도 하는 등 어떤 일관성 있는 기준을 제시하지는 않고 구체적인 경우에 따라 달리 판단하는 것 같다.[34]

北韓 民法에서는 제243조에서 '민사행위능력이 없는 자'의 不法行爲에 대하여서는 그의 부모 또는 후견인에게 責任을 지우고 있다. 따라서 不法行爲가 성립하기 위해서는 이러한 民事行爲能力이 요구된다고 하겠다. 民事行爲能力에 대하여는 연령을 기준으로, 17세 이상의 자는 민사법률행위를 독자적으로 할 수 있는 民事行爲能力을 갖고,[35] 16세의 자는 자기가 받은 노동보수의 범위 안에서 민사법률행위를 할 수 있는 부분적 行爲能力者로서 그 범위를 벗어나는 行爲는 부모나 후견인의 동의를 받아야 할 수 있다.[36] 또한 16세 미만의 자는 부모나 후견인을 통하여 민사법률행위를 할 수 있고 단독의 民事行爲能力이 인정되지 않으며 다만, 6세 이상의 경우에는 학용품이나 세소 일용품 같은 것을 사는 行爲를 할 수 있도록 하고 있다.[37] 따라서 北韓의 不法行爲法은 民事行爲能力規定에 맞추어 17세 이상의 자가 不法行爲를 하였을 때에는 그에게 단독의 責任을 지우고[38] 16세의 부분적 行爲能力者가 不法行爲를 하였을 경우에는 그 未成年者가 지불할 수 있는 범위를 벗어나는 부분은 그의 부모나 후견인이 責任을 지도록 하고[39] 그 이하의 민사행위무능력자가 加害行爲를 한 경우에

---

33) 上揭書, 485面 참조.

34) 判例는 13세 3개월 된 자에게 責任能力을 인정한 것이 있는가 하면(대판 1969.7.8, 68다2406), 13세 5개월 된 자에게 責任能力을 부정한 것이 있기도 하다(대판 1978.7.11, 78다729). 다만 이러한 법원의 태도는 민법 제755조와 관련하여 被害者의 實際的인 救濟를 위하여는 달리 볼 필요도 있다. 즉 일관성 없다고 비난할 것만은 아닌 것 같다.

35) 북한 민법 제20조 제1문.

36) 북한 민법 제20조 제2문.

37) 북한 민법 제21조.

38) 북한 민법 제243조의 반대해석.

는 그의 부모 또는 후견인이 그 責任을 지도록 하고 있다.[40] 다만 민사행위무능력자가 그의 부모나 후견인의 통제에서 벗어나 있는 동안에 침해행위를 하였을 때에는 그를 통제할 義務를 진 자가 民事責任을 지도록 하고 있다.[41]

이러한 民事行爲無能力者에 대한 감독자의 責任規定은 우리 民法 제755조와 유사하나 한 가지 큰 차이가 있다. 우리 民法은 미성년자나 정신박약자의 責任能力이 없는 때에 監督義務者에게 責任을 지우고 있는데 반하여, 北韓 民法은 불법행위의 성립요건으로 民事行爲能力을 요구함으로써 형식적인 기준에 의하여 획일적으로 그러한 民事行爲能力이 없는 경우에 監督義務者 등이 責任을 지도록 하여 합리적인 결과를 낳고 있다고 볼 수 있다. 즉 우리 민법의 문리해석으로는 加害者인 미성년자를 상대로 하여 損害賠償請求訴訟을 내더라도 그에게 재산이 없다면 헛수고가 되기 때문에 피해자쪽은 加害者인 미성년자에게 責任能力이 없음을 주장하게 되고 加害者의 監督義務者는 자기의 責任을 면하기 위하여 加害者인 미성년자에게 責任能力이 있었다고 주장하게 된다. 따라서 獨逸 民法 제832조와 같이 加害者의 責任能力의 유무를 묻지 않고 언제나 감독자는 責任을 지는 것으로 규제하는 것이 타당할 것이다. 다만 우리 판례는 "감독의무자의 책임과 피감독자의 책임은 병존하는 것"이라고[42] 해석함으로써 부당한 결과를 피하고자 하였다가 현재는 전원합의체 판결로 예전의 태도로 돌아갔다.[43] 우리 民法은 監督義務를 해태하지 아니한 때에는 그러

39) 북한 민법 제244조.

40) 북한 민법 제243조 제1문.

41) 북한 민법 제243조 제2문.

42) 대판 1984.7.10, 84다카474. 이에 대한 평석으로는 김오수, "책임능력 있는 미성년자의 불법행위와 감독의무자의 책임", 사법행정, 1985년 7~10월호.

43) 대판 1994.2.8, 93다13605. 이 판결 이후 "미성년자가 책임능력이 있어 그 스스로 불법행위책임을 지는 경우에도 그 손해가 당해 미성년자의 감독의

한 責任을 지지 않도록 하고 있는데 北韓 民法의 경우에는 그러한 규정이 없으나 제241조에 따라 監督義務者 등이 자기에게 '허물'이 없음을 증명하면 그러한 責任을 피할 수 있는 게 아닌가 한다.

6. 小結

위에서 살펴 본 바와 같이 不法行爲의 一般的 成立要件으로서 우리 民法에서 違法性, 故意 또는 過失, 損害의 發生, 責任能力 등을 요구하는 것과 마찬가지로 북한 민법에서도 민사상 권리의 침해, 허물, 손해의 발생, 민사행위능력 등을 요구하고 있는 바, 이의 대체적인 내용은 큰 차이가 없다고 할 수 있다. 다만 우리 민법의 경우 實質的 違法性의 개념을 따르는 데 반하여 북한 민법의 경우 形式的 違法性의 개념을 따르는 것으로 보이는 한도에서 불법행위로 포섭되는 범위에 차이가 생길 수 있다. 또 우리 민법의 경우 故意 · 過失의 立證責任이 피해자에게 있음에 반하여 북한 민법의 경우 加害者에게 있기에 우리 민법상으로 본다면 입증책임의 입법적 전환이 이루어져 있는 셈이라서 북한 민법의 경우가 불법행위가 성립할 수 있는 범위가 더 넓어질 수 있다는 차이가 있다. 그리고 손해 개념의 차이에 따라 손해배상의 범위가 달라질 것이다.

따라서 不法行爲의 一般的 成立要件에 대하여 兩 法이 어느 정도 서로 접근할 수 있다고 본다. 서로 차이가 생기는 점에 대하여는 절충이 가능하다. 違法性의 개념은 사회문화의 반영이므로[44] 남북한의 접촉과 교류에 따라 그 포섭하는 범위가 같아질

무자의 의무위반과 상당인과관계가 있으면 감독의무자는 일반불법행위자로서 손해배상책임이 있고 이 경우에 그러한 감독의무위반사실 및 손해발생과의 상당인과관계의 존재는 이를 주장하는 자가 입증하여야 한다"는 태도를 유지하고 있다.

수 있다.

따라서 불법행위의 성립요건으로 권리의 침해를 요구하는 것보다는 사회에 발생한 손해라는 결과를 보다 더 공평하게 분배할 수 있는 違法性을 요구하는 것이 '보다 열린 개념'이라 할 것이다. 또한 북한법에 있어서도 손해의 개념에 정신적 손해를 포함하는 것으로 해석하는 것이 타당할 것이다. 그리고 입증책임의 경우에는 우리 민법상의 특수한 불법행위에 인정되는 입증책임의 전환을 보다 더 확대하는 방향으로 법을 개정하는 것이 좋겠고, 이러한 입증책임의 전환은 북한의 법에서처럼 일반적으로 인정하기보다는 우리의 법에서처럼 예외적인 것으로 규율하는 것이 좋을 것이다.45)

Ⅲ. 北韓 民法上의 特殊不法行爲의 成立要件

1. 序

北韓 民法上의 特殊不法行爲規定은 우리 민법과 유사한 점이 많이 있으나 특이한 점은 危險責任의 原理가 전면에 부각되어 있는 점이다. 특히 工作物責任의 경우 명문으로 '허물이 없어도' 책임을 진다고 하여 이 점을 분명히 하고 있다. 사회가 복잡해지고 動的으로 됨에 따라 종래의 靜的인 사회에서 인정되던 過失責任의 원리가 상당히 수정되고 있는데 이의 대표적인 것이 危險責任의 原理라고 할 것이다.46) 여기에서는 特殊不法行爲의 類型에 따

44) 실질적 위법성설의 입장이다.

45) 다만 증거에 가까이 있는 자가 입증책임을 지는 것이 보다 합리적이라는 견해를 따른다면 북한 민법의 태도를 다시 고려해 볼 만하다.

46) 위험책임의 원리는 무과실책임론이라고도 하는데 이에 대하여는 많은 문헌이 있다. Erwin Deutsch 著, 梁三承 譯, "獨逸不法行爲法의 基本原理", 한독법학 제3호, 한독법률학회, 1982; 鄭泰煥, "獨逸에 있어서의 危險責任法理

라 간단히 서술하기로 한다.

2. 使用者責任

우리 民法上 使用者責任이란, 자기와 使用關係 있는 被傭者가 그 事務執行에 관하여 他人에게 加害行爲를 한 경우 使用者가 그로 인한 損害賠償義務를 직접 被害者에 대하여 부담하는 것을 말한다.[47] 그런데 우리 民法은 使用者責任의 積極的 成立要件으로서 使用者의 過失을 요하는 것은 아니지만 '使用者가 被傭者의 選任 및 그 事務執行에 상당한 注意를 하여도 損害가 있을 경우'에는 使用者가 責任을 지지 않는다는 일종의 免責事由를 규정하고 있다.[48] 이러한 民法의 규정은 使用者責任을 논리적으로는 選任 監督上의 注意義務違反이라는 過失責任主義的 법구성에서 일탈하지 않는 방식으로 일단 구성을 하되, 실질적으로는 立證責任의 轉換 및 免責事由의 規範的 審査라는 방법에 의하여 無過失責任主義的 效果를 꾀하는 것이라고 해석되고 있다.[49] 결국 使用者責任은 無過失責任的 效果를 위해 過失責任的 構成을 빌린 '中間責任'이라고 할 수 있다. 判例도 '事務執行에 關하여'란 요건을 해석함에 있어서 폭넓게 인정하고 있고[50] 또 한편으로는 使用者

의 新傾向에 관한 一稿", 法曹 제27권 12호, 1978; 尹庸碩, "現代私法의 無過失責任的 傾向(영미법을 중심으로)", 부산대법학연구 제26권 1호, 1983; 延基榮, "過失責任과 危險責任의 構造的 關係", 재산법연구 제3권 1호, 1986 등.

47) 李銀榮, 前揭書, 848面.

48) 이러한 使用者의 免責可能性은 英美法이나 프랑스法에서는 찾아 볼 수 없다고 한다. 獨逸法에서는, 契約法上으로는 債務者는 자신의 故意·過失뿐만 아니라 자신의 債務를 履行함에 있어 사용한 제3자의 과실에 대하여도 免責立證의 可能性없이 항상 責任을 지는데 반하여 不法行爲法上으로는 被傭者의 選任에 있어서의 자기과실에 대하여 책임을 지기 때문에 免責立證을 통한 免責의 可能性이 열려 있다. 이러한 태도를 우리 민법이 그대로 받아들인 것이라고 한다(李宙興, "獨逸法上 使用者責任에 있어서의 免責可能性", 대한변호사협회지 1986년 8월호<통권 120호> 60면 이하 참조).

49) 李銀榮, 前揭書, 849面.

의 免責은 좀처럼 인정하지 않고 있다.

오늘날의 企業들은 다수의 被傭者들을 조직하여 대규모의 영리활동을 하고 있으며 다른 한편으로는 이러한 기업활동을 위하여 피하기 곤란한 위험이 뒤따르는 기계시설 등을 보유하고 있다. 이러한 면을 중시하여 본다면 企業의 被傭者가 外部의 제3자에게 준 損害는 기업이 責任을 지는 것이 공평하고 타당할 뿐 아니라 被害者에게도 적절한 救濟를 주는 것이 될 것이다.[51]

北韓 民法에도 이와 같은 규정이 있다.[52] 다만 使用者責任의 주체가 우리 民法에서는 제한이 없는데 이와는 달리 北韓 民法에서는 '기관, 기업소, 단체'로 제한된다.[53] 우리 民法이 '가사노동적인 사용관계'도 포함하여 규정하고 있는데 반하여 北韓 民法은 '기업에 있어서의 사용관계'를 중심으로 규율하고 있는 것으로 보인다. 따라서 이러한 特殊不法行爲의 현대적 특성인 企業責任을 보다 잘 표현하고 있다고 할 수 있다. 또한 그 면책사유가 인정되지 않는다는 점이 큰 차이를 낳을 수 있으니 우리 民法의 경우에도 그 면책사유의 인정범위를 축소함으로써 비슷한 결과를 얻고 있다.

그리고 규정형식에 있어 北韓 民法에 있어서는 一般不法行爲와 같이 그 立證責任을 加害者쪽에서 부담하는 결과, 보다 被害者保護를 기할 수 있다. 우리 民法의 '事務執行에 關하여'와 같은 지위를 차지하는 것은 '직무수행과정에'인데 이의 해석은 우리의 경우와 크게 다를 바 없지 않을까 한다. 우리 民法 제756조 제3

---

50) 事務執行行爲에 대하여 外形理論을 취함으로써 使用者의 責任을 광범위하게 인정하고 있다.

51) 郭潤直, 前揭書, 511面 참조.

52) 제245조: 기관, 기업소, 단체의 성원이 직무수행과정에 남의 재산이나 인체에 해를 준 경우에는 그 기관, 기업소, 단체가 해당한 민사책임을 진다.

53) 여기의 기관이란 국가기관을 의미한다. 북한 민법 제48조와 제51조 등을 보면 이를 알 수 있다. 다만 국가와 기관과는 또 다르다.

항에서와 같은 求償權 규정이 北韓 民法에는 없는데 이 경우에 반드시 求償權을 완전히 배제한 것이라고 보기는 힘들지 않을까 한다. 이 경우 被傭者(기관, 기업소, 단체의 성원)는 제247조의 '남의 재산에 손해를 준 ... 공민'에 해당하여 재산을 원상복구할 義務가 있는 게 아닌가 한다.

3. 工作物責任

우리 民法 제758조에 따르면, 工作物責任이란 工作物의 占有者 및 所有者가 工作物의 設置 保存上의 瑕疵로 인하여 他人에게 입힌 損害를 배상할 義務를 지는 것을 말한다. 이 때 占有者는 損害의 방지에 필요한 주의를 해태하지 아니한 때 면책되는데 반하여 所有者는 免責이 인정되지 않는다. 따라서 占有者의 責任은 過失의 立證責任을 轉換한 이른바 中間的 責任이나 所有者의 責任은 無過失責任이라고 할 수 있다.[54] 이처럼 工作物 등의 占有者와 所有者의 責任을 가중하는 근거는 危險責任의 原理에 있다고 한다.[55] 여기의 工作物이란 지상 및 지하에 인공적으로 설비된 각종의 물건과 같은 토지의 工作物 뿐만 아니라 건물내부의 여러 설비도 포함하고 일반적으로 위험성 있는 기업설비도 포함한다고 할 것이다.[56] '設置 保存의 瑕疵'라 함은 工作物이 본래 갖추고 있어야 할 성질이나 설비를 제대로 갖추지 않고 있는 것을 말한다.

北韓 民法에서는 제255조 본문에서 '기관, 기업소, 단체는 주위 환경에 큰 위험을 줄 수 있는 대상을 다루거나 작업을 하는 과정에 남의 재산이나 인체에 해를 준 경우에 허물이 없어도 민사책

54) 通說의 견해이다. 郭潤直, 前揭書, 520面 참조.

55) 李銀榮, 前揭書, 875面 이하 참조.

56) 郭潤直, 前揭書, 521面 참조.

임을 진다.' 라고 규정하고 있는데 여기의 '주위환경에 큰 위험을 줄 수 있는 대상'이 실제로는 工作物에 해당하는 것으로 볼 수 있지 않을까 한다.[57] 이 규정에서도 제245조에서와 마찬가지로 그 責任의 주체를 '기관, 기업소, 단체'로 한정하고 있고, 使用者責任과는 달리 無過失責任을 인정함으로써 보다 엄격한 責任을 부여하고 있음을 알 수 있다. 이것은 우리 법의 경우, 소유자가 제2차적으로 無過失責任을 지고 있는 것과 잘 대비된다.

한편으로는 工作物責任의 범위를 한정적으로 인정하고 있어, '주위환경에 큰 위험을 줄 수 있는' 것이 아닌 경우 이 규정이 適用될 여지가 없으나, 현대법에 있어 企業責任 中 工作物責任이 문제되는 대부분의 경우에 이 규정이 適用될 것이다. 다만 개인의 경우 이 규정이 適用될 여지가 없는 것으로 보이나, 그것은 北韓 民法의 社會主義的인 소유권제도와도 관계가 있는 것으로 보인다. 北韓 民法 제255조 단서에서 '피해자에게 중대한 과실이 있는 때에는 책임을 지지 않는' 것으로 하고 있는데 이는 공평의 原則에 기한 일종의 過失相計와 유사한 것을 인정한 것이 아닌가 한다.

4. 動物占有者의 責任

우리 民法 제759조는 占有者의 保管義務의 해태를 責任要件으로 하여 過失責任의 이론구성을 취하고 있으나 실제로는 保管義務는 면책사유로 기능하여 立證責任의 轉換이 이루어짐으로써 危險責任과 유사한 中間責任이라고 할 것이다.[58] 여기의 占有者에 間接占有者가 포함되지 않는 것으로 해석하는 견해가 다수설이다.[59] 이에

57) 이 조항의 '... 작업을 하는 과정에 ...'란 표현은 그 앞에 '주위환경에 큰 위험을 줄 수 있는'이란 구문을 넣어 보면 일종의 특수한 기업활동책임을 인정한 것으로 보인다.

58) 郭潤直, 前揭書, 524面 참조.

대하여 반대설은 여기의 占有者를 물권법상의 占有者와 달리 해석할 근거가 없고 제759조가 動物所有者責任을 규정하지 않은 약점을 보완하기 위하여도 間接占有者의 責任을 인정하여야 한다고 한다.[60] 판례 역시 間接占有者의 責任을 묻고 있다.[61]

北韓의 民法은 제249조에서 '관리하고 있는 짐승이 남의 재산이나 인체에 해를 준 경우에 짐승의 임자나 관리자는 그 손해를 보상하여야 한다.'고 규정하고 있는데 北韓 民法상의 一般不法行爲의 成立要件이 여기서도 타당하게 되어 '허물'이 없음을 짐승의 임자나 관리자가 입증해야 責任을 면하기 때문에 우리 民法의 경우와 마찬가지의 결과를 낳을 수 있다. 다만 우리 民法에서는 占有者의 해석에 관한 다툼이 있는 것과는 달리 北韓 民法에서는 소유자나 관리자가 責任을 지도록 하고 있는데, 여기의 관리자에 해당하는 범위가 문제될 수 있겠으나 占有者뿐만 아니라 우리 民法 제759조 제2항의 '占有者에 갈음하여 동물을 보관한 자'도 이에 해당한다고 볼 수 있지 않을까 한다. 우리 民法上의 動物占有者에 間接占有者도 포함하는 것으로 보고 北韓 民法上의 관리자를 이러한 개념으로 파악할 수 있다면 두 규정은 서로 일치하는 내용을 갖고 있다고 할 수 있다. 여기서 北韓 民法 제249조 단서의 규정은 過失相計를 규율한 것으로 본다.[62]

5. 共同不法行爲

우리 民法上 共同不法行爲는 數人이 共同의 不法行爲로 損害를

59) 郭潤直, 前揭書, 525面; 金曾漢, 前揭書, 507面; 李太載, 債權各論(改訂版), 進明文化社, 1985년, 504面.

60) 李銀榮, 前揭書, 880面; 金基善, 韓國債權法各論(제2전정판), 法文社, 1982년, 423面.

61) 대법원 1981.2.10.선고, 80다2966 판결.

62) 단서 규정은 '그러나 피해자에게 허물이 있을 경우에 보상책임은 덜어지거나 면제된다.'라고 규정하고 있다.

가한 경우, 共同 아닌 數人의 行爲 중 어느 자의 行爲가 그 損害를 가한 것인지를 알 수 없는 경우, 그리고 敎唆 방조의 경우 등 세 가지를 규정하고[63] 이중 첫 번째 경우를 狹義의 共同不法行爲라고 부른다.[64] 共同不法行爲의 效果로서 모든 共同不法行爲者는 連帶하여 損害賠償義務를 지도록 하고 있다. 共同不法行爲의 成立要件으로서 加害者들 사이에 '主觀的 共同'을 요하는 것으로 해석하는 것이 主觀的 共同說이고[65], 加害者들 사이에 共謀나 共同의 인식은 필요 없으며 단지 加害行爲가 객관적으로 關聯 共同하고 있으면 충분하다고 보는 견해가 客觀的 共同說인데[66], 판례는 후자의 학설을 취하고 있는 것으로 보인다.[67] 또 共同不法行爲의 效果로서는 문언상 표현 그대로의 連帶債務를 인정하는 것이 아니라 不眞正連帶債務로 보고 있다.[68]

北韓 民法은 제251조에서 '여럿이 공동으로 남의 재산이나 인체에 해를 준 자들은 련대적으로 민사책임을 진다.'라고만 규정하고 있다. 따라서 이 규정을 어떻게 볼 것인가에 대하여 논란이 있을 수 있으나 우리 民法 제760조 제1항의 狹義의 共同不法行爲만을 규정하는 것이라고 보는 것은 너무 좁은 태도가 아닐까 한다. 다만 우리 民法 제760조 제2항의 '共同 아닌 數人의 行爲 중 어느 자의 行爲가 그 損害를 가한 것인지를 알 수 없는 때'에는 因果關係만이 증명되지 않은 경우인데 이것은 특별히 명문 규정이 없는 이상 인정하기는 힘들 것이고 동조 제3항의 敎唆 방조의

63) 민법 제760조.

64) 李銀榮, 前揭書, 820面 이하 참조.

65) 金曾漢, 前揭書, 511面; 李太載, 前揭書, 506面.

66) 郭潤直, 前揭書, 528面; 金基善, 前揭書, 462面; 金顯泰, 新稿 債權法各論, 一潮閣, 1969년, 398面.

67) 대판 1982.6.8, 81다1130; 대판 1988.4.12, 87다카2951; 대판 1998.12.22.선고, 98다40466 등.

68) 郭潤直, 前揭書, 526-527面; 金基善, 前揭書, 425면; 金顯泰, 前揭書, 396面; 李銀榮, 前揭書, 835面 등.

경우는 廣義의 共同不法行爲로서 北韓 民法 제251조의 '여럿이 공동으로' 한 不法行爲로 볼 수 있을 것이다. 北韓 民法의 경우에도 共同不法行爲의 效果로서 連帶責任을 규정하고 있는데 우리 법의 경우와 마찬가지로 해석할 수 있을 것이다. 그러나 우리 債權法의 경우 제408조에서 分割 債權 債務의 原則을 정하고 있는데 반하여 北韓 民法의 경우 그러한 原則을 정하고 있지 않다. 즉 제70조에서 '채권채무관계에서 채권자나 채무자가 여럿인 경우에 각자는 채권이나 채무의 몫을 분할하여 가질 수도 있고 련대적으로 가질 수도 있다.'라고 규정하여 우리 民法과는 차이를 보이고 있다. 따라서 우리 법에서 共同不法行爲의 效果로서 連帶責任을 규정하는 것은 分割債權關係의 原則을 排除하고 被害者를 두텁게 보호하려는 규정인 것이고 北韓 民法의 경우에는 그러한 原則이 없으므로 그 관계를 규정할 필요가 있고 그러한 경우 피해자를 두텁게 보호하기 위하여 같은 취지의 규정을 두게 된 것이라고 본다.[69)]

따라서 공동불법행위의 경우 양 법 사이에 별다른 차이가 없다고 할 수 있다.

6. 環境汚染責任

오늘날 社會는 고도로 산업화되고 인구집중현상을 보이고 있는데 이러한 현상은 새로운 유형의 피해를 낳고 있다. 그것은 자연훼손, 環境汚染 또는 公害라고도 한다.[70)] 環境汚染이란 인간의 인위적인 활동에 의하여 발생하는 有害要素가 일정한 지역의 대기,

69) 이 경우 北韓 法의 共同不法行爲의 效果로서 不眞正連帶債務가 되는지 眞正한 連帶債務가 될 것인지는 여기서 論하지 않기로 한다.

70) 獨逸 民法에서는 이에 해당하는 것을 임밋시온이라고 하고 있고 英美에서는 生活妨害(Nuisans), 일본에서는 公害라고 일컫고 있다. 우리는 環境保全法에서 '環境汚染' 또는 '汚染物質'이란 말을 쓰고 있는데 여기서는 '環境汚染'이라는 용어를 쓰기로 한다.

수질, 토양 등에 작용하여 그를 이용하는 인간, 동물, 식물 등에 損害를 끼칠 정도의 나쁜 상태로 만들어 놓는 것을 의미한다.[71] 이러한 環境汚染의 경우 대개는 加害者의 정상적인 활동의 결과 부수적으로 소량의 有害要因을 계속적으로 방출하거나 加害者측의 비정상적인 事故 등으로 인하여 有害要因을 대량으로 방출함으로써 環境이 汚染되고 그 결과 인체나 동물 · 식물 등에 損害를 입힌다. 이러한 環境汚染은 憲法에서 보장하고 있는 環境權을[72] 침해하는 것으로서 環境保全法과 海洋汚染防止法 등에서 規制되고 있다. 環境汚染被害에 대한 구제책으로서 대표적인 것은 環境保全法上의 損害賠償制度를 들 수 있는데, 이 損害賠償請求權은 加害者의 過失을 요건으로 하지 않는 無過失責任이라는 특이점이 있으나 그것은 人體損害로 한정되어 있고 汚染物質도 일정한 종류의 것에만 한정되고 있다는 점에서 그 실제 適用 範圍는 상당히 좁고 따라서 여전히 民法에 맡겨져 있는 부분이 상당하다. 環境汚染被害에 대한 民法上의 救濟策으로서는 一般不法行爲에 의존하는 것이 그 대부분이 될 것이고 그 외에 물권법에 규정되어 있는 물권적 방해제거, 방해예방청구권과 제217조의 생활방해금지 등이 있다. 不法行爲에 기한 損害賠償請求에 있어 因果關係의 立證과 過失의 證明이 무척이나 어려운 까닭에 실무상 피해자의 立證責任을 완화하는 여러가지 理論이 있다.[73]

北韓 民法은 최근에 立法한 것이기에 이러한 環境汚染責任을

---

71) 李銀榮, 前揭書, 945面 이하.

72) 헌법 제35조.

73) 因果關係의 存在의 蓋然性을 證明하면 충분하고 加害者 측에서 反證으로서 因果關係가 存在하지 않음을 證明하는 경우에만 責任을 免한다는 蓋然性說과 因果關係의 存在라는 사실을 몇 개의 主要事實로 分離하여 間接事實에 의한 證明을 허용하는 新蓋然性說 등이 그것이다(吳錫洛, 公害訴訟의 諸問題, 日新社, 1979년, 63面~80面 참조; 具然昌, "公害에 의한 不法行爲責任", 월간고시 1985년 12월호, 54面 이하); 그 외에 대판 1974.12.10, 72다1774, 대판 1984.6.12, 81다588 등이 있다.

별도로 규정하고 있다. 제250조에서 '국토와 자원을 보호하고 자연환경을 보존, 조성하며 환경오염을 방지할 데 대한 국가의 법을 어기여 남의 재산에 손해를 준 기관, 기업소, 단체, 공민은 해당한 손해를 보상하여야 한다.'라고 함으로써 이러한 環境汚染責任에 대하여 규정하고 있다. 또한 이 경우에도 역시 '허물'이 없음을 加害者가 立證하여야 하기 때문에 우리 民法의 경우보다는 被害者에게 두터운 보호가 될 수 있다. 그런데 여기서 '사람의 건강과 생명'이 피해를 입은 경우에 대한 구절이 빠져 있는 것을 볼 수 있다. 北韓 民法에서 環境汚染責任에 대한 이러한 규정이 없더라도 一般不法行爲規定에 의하여 責任을 물을 수 있는 데도 이 규정을 둠으로써 오히려 그 被害者의 損害救濟範圍가 좁혀진다는 것은 참을 수 없는 일이라고 보인다. 더군다나 一般不法行爲조차도 '허물'이 없음을 加害者가 立證해야 하는데 이 규정에서 어떤 다른 특별한 규율, 예를 들어 제255조와 같은 '허물이 없어도 민사책임을 진다'라는 無過失責任主義的인 規律을 하지 않고 있는 것은 이 규정의 의미를 반감시키는 것이 될 것이다. 결국은 우리 民法에서와 같은 규율의 정도에 머물고 있는 것으로 평가할 수 있지 않을까 한다.

따라서 남북한 양 민법은 환경오염책임에 대한 규제에 별다른 차이가 없다. 사실상 환경오염분야는 오늘날 상당히 관심이 높아지는 영역으로서 이 책임의 규율은 보다 더 피해자의 구제를 넓히는 방향으로 개선할 필요가 있고 위험책임의 법리가 그 기본적인 원리가 되어야 할 것이다.

7. 小結

이상에서 살펴 본 바와 같이 特殊不法行爲의 成立要件에 대하여 南北韓 兩 民法에 큰 차이는 없다고 보인다. 다만 북한의 불법행위법이 보다 적극적으로 危險責任의 原理를 도입한 것이 눈에 뜨인다. 그러나 環境汚染責任의 규율은 이러한 원리를 도입하는 방향으로 兩 法이 개선되어야 할 것이다.

Ⅳ. 北韓 民法上의 不法行爲의 效果
: 金錢賠償原則과 原狀回復의 原則

우리 民法上으로는 不法行爲에 기초한 損害賠償請求權은 債務不履行에 기초한 損害賠償請求權과 그 責任原因은 다르지만 그 責任의 내용은 기본적으로 같다. 損害賠償의 방법으로서는 原狀回復主義와 金錢賠償主義가 있으나 우리 民法은 金錢賠償主義를 취하고 있다.[74] 예외적으로 原狀回復을 하게 하는 때는, 名譽毁損의 경우 被害者의 請求에 기하여 법원이 '명예회복에 적당한 처분'을 명하는 경우[75]와 부정경쟁방지법상의 '영업상의 신용을 회복하는 데 필요한 조처'를 명하는 경우[76] 등이 있다.[77]

北韓 民法의 경우 우리 法과는 반대로 原狀回復主義를 택하고 있다. 제247조 제1문에서 '남의 재산에 손해를 준 기관, 기업소, 단체, 공민은 그 재산을 원상대로 복구하여야 한다.'라고 규정하고 있다. 그러나 原狀回復이 불가능한 경우 '같은 종류의 다른 물건을 주거나 그 값을 물'어 주도록 하고[78] '사람의 건강과 생명에 해를 준' 경우에는 '손해를 보상'하도록 하여[79] 金錢賠償의 原

74) 민법 제763조, 제394조.

75) 민법 제764조.

76) 부정경쟁방지법 제3조 제2항.

77) 그외에 특허법(제157조), 실용신안법(제29조), 의장법(제56조의2), 상표법(제39조) 등에 이러한 성질의 규정이 있거나 준용되고 있다.

78) 북한 민법 제247조 제2문.

79) 북한 민법 제248조.

則이 광범위하게 補充的으로 適用되고 있음을 볼 수 있다. 따라서 그 결과에 있어서는 상당히 근접하고 있음을 알 수 있다.

V. 맺는 말

南韓과 北韓에 서로 다른 法이 존재한다는 것은 명백한 사실이다. 憲法體系와 經濟論理도 다르고 法은 처음부터 끝까지 모두 다르다고 할 수 있다. 또한 어떤 共通의 文化를 갖고 있는 것도 아니다. 共通의 文化라기보다는 오히려 異質性이 훨씬 강한 실정에 놓여 있다. 따라서 지금으로서는 法의 統一을 위하여 어떤 공통의 文化를 기반으로 삼는다는 것은 불가능하다. 서로 다른 法規範을 통일하는 문제에 있어서 法領域의 성격으로 보아 公法的인 領域에서보다는 개인이나 일상생활과 많은 관련을 갖는 私法領域에서의 法統一은 보다 더 많은 시간이 필요하고 완만한 과정을 거쳐야 할 것이다. 그러나 私法領域에서도 不法行爲法의 경우는 보다 더 접근이 쉽다고 할 수 있다. 그것은 어느 사회에서나 위법한 행위로 인한 손해가 발생하고 있으며 이의 규율은 '열려진 개념'으로 상당히 抽象化되어 있는 것이 보통이기 때문이다. 또한 불법행위법은 서로 다른 體制下에서의 기왕에 형성된 社會構造의 變化를 요구하는 것이 아니고 이미 發生한 損害의 分配에 관한 문제를 다루는 것이므로 그 접근이 보다 쉬울 것이다.[80)]

본론에서 살펴 본 바와 같이 南韓과 北韓의 不法行爲法 사이에는 유사한 점을 많이 찾을 수 있었거니와 우리 法을 발전시키는 방향에서의 개선도 필요한 것을 보았다. 모든 것을 한꺼번에 얻을 수는 없는 것이고 우리는 작은 것부터 하나씩 시간을 갖고 연구해 나가야 할 것이다.

---

80) 같은 채권법이라 하더라도 계약법은 그 체제와 내용이 사회지배 이데올로기에 따라 상당히 다르다.

제 3 부 국제재판관할

제 6 장 제조물책임의 국제재판관할

[목 차]

Ⅰ. 서

제조물책임이란 제품의 품질상의 결함으로 인하여 그 제품의 사용자 또는 제3자의 생명, 신체, 재산에 입힌 재산상의 손해에 대하여 생산자, 판매자 등이 부담하는 배상책임을 말한다. 대량생

---

* 이 글은 국제사법연구 제10호(2004.12.) 1면-14면에 실려 있다.

산, 대량유통, 대량소비가 일반화된 오늘날의 사회에서는 각종 제품들이 생산되어 유통과정을 거쳐서 소비자의 손에 들어가게 되는데 이러한 제품들의 생산과정, 유통과정에서의 잘못으로 인하여 소비자 등에게 신체나 재산상의 손실을 끼치는 경우도 발생하게 된다. 이러한 손해에 대하여 생산자 등에게 책임을 부과하는 것이 제조물책임인 것이다.

그런데 이러한 제조물책임이 국경을 건너 여러 나라에 걸쳐 문제되기도 한다. 즉 A국에서 생산한 제품을 B국의 수입업자가 수입하여 판매하고 소비자가 구입하여 사용하던 중 사고가 발생한 경우, 또는 A국에서 생산한 제품을 B국의 수입업자가 수입하여 판매하고 C국의 소비자가 여행 중 이를 구입하여 C국으로 돌아가 사용하던 중 사고가 발생한 경우 등의 경우에 이러한 사고로 인하여 그 사용자 등이 법익상의 침해를 받은 경우에는 피해자는 어느 나라의 법원에 소를 제기할 것인가 하는 문제가 있다. 즉 어느 나라의 법원이 재판관할권을 갖는가라는 문제이다. 이것이 바로 제조물책임의 국제재판관할권 문제이다.

이러한 문제에서 그 사건에 어느 나라의 법을 적용할 것인가 하는 문제는 제조물책임의 준거법 문제라고 하는데 여기에서는 다루지 않는다. 또 사회 경제적 약자인 소비자를 보호하기 위하여 소비자가 체결한 계약에 관한 소송은 다루지 않는다. 즉 물품의 할부판매계약 등 물품의 공급 또는 용역의 제공을 위한 계약으로서 소비자의 주소지 국가에서 계약의 체결에 앞서 소비자에게 특정한 권유 또는 광고가 행해지고 소비자가 그 국가에서 계약의 체결에 필요한 조치를 취한 경우를 소비자계약이라 하는데 이를 기초로 이루어지는 소송은 계약을 기초로 하는 것으로 법적 성질이 규정되므로 제조물책임과는 그 준거법이나 재판관할권의 문제에 대한 구성원리가 다르다. 따라서 여기서 사용자가 이러한 소비자에 해당하더라도 제조물로 인한 법익의 침해에 대한 소송을 제기하는 경우에는 소비자계약에 관한 규정을 적용할 수 없고 불법행위의 한 특수한 유형으로 다루어지는 제조물책임으로서 그 법적 근거와 구성원리를 달리한다고 본다. 즉 제조물책임에 관한 재판관할권 문제에 소비자계약 규정은 적용되지 않는다.

국제재판관할권 결정에 대하여 국제적으로 통일된 협약이나 규칙이 없다. 이에 대해서 각국은 내법 규정의 해석으로 문제를 해결한다. 그런데 국제민사소송에서 소송절차의 공정을 기본이념으로 하는 국제재판관할 원칙은, 국내 법원 사이에서 어느 법원에 소를 제기할 것인가 하는 민사소송법상의 토지관할 문제와는 질적인 차이가 있고, 당사자의 이해관계가 다르며, 국가 간의 이익도 고려하여야 하는 등 그 지배이념에 현저한 차이가 있다.[1] 그러므로 국제재판관할 원칙을 정할 때에 이러한 기본이념을 기초로 국내 민사소송법의 규정과는 별도의 규칙을 마련하여야 할 것이다. 이 글에서는 그러한 규칙을 마련할 때에 한 부분으로서 제조물책임의 경우 국제재판관할원칙을 정하는 것도 하나의 목적이 된다. 그러나 그보다는 우선 현실적으로 우리 법원에서 제조물책임에 관한 국제소송이 벌어질 경우 우리 법원은 어떻게 해야 하는가에 대하여 도움이 되고자 제조물책임에서의 국제재판관할 결정기준을 제시하는 것이 이 글의 목적이다. 다만 이 글에서는 국제재판관할원칙 일반을 모두 다루지는 않는다. 여기서는 제조물책임의 경우에 관련되는 한도에서만 다룬다.

1) 최공웅, “국제재판관할 원칙에 대한 재론” 법조 (1998) 6-7면 참조.

Ⅱ. 국제재판관할원칙

1. 학설

(1) 이중기능설

민사소송법상의 토지관할규정은 국제재판관할규정을 동시에 규정한 것이라고 보는 견해이다. 독일의 경우 1877년 민사소송법을 제정하면서 재판권 문제를 염두에 두었지만 외국관련 사건을 독일 법원이 재판권을 행사한다는 것으로 규정한다면 발생할 지도 모르는 외국과의 충돌을 피하기 위하여 입법기술상 국내 재판적이 인정되면 재판권이 인정된다는 생각으로 국내 토지관할의 형식으로 입법하였다고 한다. 따라서 민사소송법상의 토지관할 규정은 국내 국제 재판관할을 함께 규율하는 이중의 기능을 가진 것으로 직접 적용된다고 한다. 독일 민사소송법 제정 당시에는 국제재판관할의 개념보다는 재판권 행사의 제한 문제로 인식하고 국내에 토지관할이 있는 경우에는 널리 재판권을 인정하는 정도의 관념이었을 것으로 보는 견해가 있다.[2] 반면에 우리 법상으로도 이중기능설을 인정할 수 있다는 견해도 있다.[3] 후자의 견해는 우리 법이 독일법을 계수한 일본법을 계수하면서 의식적으로 국제적인 고려를 배제하는 작업을 하지 않았으므로 비록 우리 입법자들이 토지관할규정 제정시 국제적인 고려를 인식하지 못하였다 하더라도 우리 법상으로도 기본적으로는 이중기능을 인정할 수 있다고 본다.

(2) 역추지설

민사소송법상 재판권의 한계를 직접 규율하는 규정이 없으므로

---

2) 최공웅, 위 글, 9-10면.

3) 석광현, "국제재판관할의 몇 가지 문제", 인권과 정의 262호 (1998) 37면.

토지관할에 관한 규정에서 역으로 추지할 수밖에 없다고 한다. 이 견해는 국제관할에 관한 규정이 없으므로 민사소송법상의 토지관할규정에서 국제관할에 관한 규칙을 추지할 수밖에 없다고 하는 것이다.

국제관할권이 논리상 국내관할권의 상위의 독립된 개념인데도 불구하고 이 학설에 의하면 국내관할권이 있음을 전제로 하여 국제관할권이 인정된다는 불합리에 빠진다는 비판을 받는다.

(3) 관할배분설

재판관할권은 각국의 재판기관이 재판기능을 분담하는 것으로서 법의 불비는 결국 조리에 의하여 보충될 수밖에 없으며 여기서의 조리는 국제민사소송법의 기본이념으로서의 조리라고 한다. 성문규정이 없는 이상 조리에 의한다면 구체적 개별적인 사안의 내용을 심리하는 법관의 자유재량으로 이익형량에 따라 결정되어야 한다고 하는 이익형량설도 이 견해의 발전이라고 볼 수 있다.

2. 판례

대법원이 국제재판관할에 대하여 견해를 밝힌 몇 판례를 정리하여[4] 4단계설을 주장한 견해가 있다.[5]

---

4) 그 중에서도 대법원 1992.7.28. 선고 91다41897 판결과 1995.11.21. 선고 93다39607 판결이 유명하다. 전자는 외국법인의 서울사무소에서 근무하던 외국인들이 부당해고를 이유로 우리 법원에서 외국법인에 대해 손해배상을 청구한 사건인데 법원은 민사소송법상의 토지관할에 관한 규정(제10조)에 의한 재판적이 국내에 있을 때에는 섭외사건에 관한 소송에 관하여도 우리나라에 재판관할이 있다고 인정함이 상당하다는 것을 전제로 우리 법원의 국제재판관할권을 인정하였다. 후자는 한국 회사가 수출한 무선전화기의 결함으로 인하여 손해를 입은 미국의 피해자들이 미국의 수입업자를 상대로 소송을 제기하고 수입업자는 한국 회사를 제3자소송인수참가의 방식으로 피고로 참가시킨 뒤 수입업자와 제조물책임보험을 체결한 보험회사가 피해자들에게 손해를 먼저 배상하고 한국 회사를 상대로 승소판결을 받아 한국 법원에서 집행판결을 얻으려고 한 사건인데 이 사건에서 법원은 제조

① 섭외사건의 국제재판관할에 관해 조약이나 일반적으로 승인된 국제법상의 원칙이 아직 확립되어 있지 않고 우리의 성문법규도 없다.

② 따라서 섭외사건에 관한 법원의 국제재판관할 유무는 결국 당사자 간의 공평, 재판의 적정, 신속이라는 기본이념에 따라 조리에 의해 결정함이 상당하다.

③ 이 경우 민사소송법의 토지관할규정 또한 위 기본이념에 따라 제정된 것이므로 위 규정에 의한 재판적이 한국에 있을 때에는 한국 법원에 국제재판관할이 있다고 봄이 상당하다.

④ 다만, 위 ③에 따라 국제재판관할을 긍정하는 것이 조리에 반한다는 특별한 사정이 있는 경우에는 한국 법원은 국제재판관할권이 없다.

이 견해에서 ①②원칙은 국제재판관할 규칙을 정하는 원칙이라고 보기보다는 전제적인 사정에 그치므로 ③④원칙의 2단계설이라고 보아도 될 것이라는 평가가 있다.[6] 원칙을 정함에 있어서는 그렇게 평가하는 것이 타당할지 몰라도 우리 대법원의 태도를 살피는 데에는 4단계 구조가 더 적확하게 파악할 수 있다.

①단계는 현재의 상태를 판단하는 대법원의 견해이다. 우리 민사소송법이 국제재판관할을 정면에서 규정하는 바가 없고[7] 또 국제적으로 합의된 국제재판관할원칙도 없다는 평가를 하고 있는

자와 손해발생지 사이에 실질적 관련이 없다는 이유로 플로리다 주 법원의 국제재판관할을 부정한 사건이다. 이 사건에서 법원은 특별한 사정에 의한 국제재판관할 규칙의 수정가능성을 인정하였다.

5) 석광현, "국제적인 제조물책임과 관련한 국제사법상의 문제", 국제사법과 국제소송 제1권, 박영사, 2001년, 217면 이하 참조.

6) 한충수, "국제사법의 탄생과 국제재판관할", 법조 536권(2001.5.), 55-57면.

7) 석광현, "국제재판관할에 관한 연구", 서울대 대학원 법학박사학위논문, 2000.2., 136면에서는 민사소송법 제9조(현행법으로는 제11조로 재산소재지의 특별재판적을 규정한 조항을 말한다)가 섭외적인 요소를 갖고 있는 사건을 전제로 한 것으로서 적어도 문면상으로는 명백히 국제재판관할을 전제로 한 규정이라고 평가하고 있다.

것이다. ②단계는 민사소송의 기본이념인 공평, 적정, 신속을 국제재판관할의 결정 기준으로 들고 있는데 결국 재판을 공평하고 적정하며 신속하게 할 수 있는 법정지를 선택하는 것이다. ③단계는 민사소송법의 토지관할 규정에 따라 재판적이 있으면 국제재판관할이 있다는 것인데 우리 민사소송법의 토지관할 규정이 모두 국제재판관할에 적용될 수는 없다는 점은 명백하므로 규정들의 성격에 따라 다시 판단해야 한다. 즉 그대로 국제재판관할 규칙으로 쓸 수 있는 것은 그대로 적용하고 수정하여야만 적용할 수 있는 것은 수정하여 국제재판관할 규칙으로 쓰고 적절하지 않은 규정은 아예 배제하여야 하는 문제가 남는다. ④단계는 특별한 사정의 법리에 따른 부적절한 법정지의 법리를 받아들인 것이라고 평가하고 있다. 그러나 반드시 그렇게 볼 것인지는 의문이다. 미국에서도 이 법리를 주에 따라 받아들이는 정도가 다른데 우리가 그 법리를 완전히 받아들인 것으로 해석하는 것은 의문이다. 또한 '특별한 사정'을 어느 정도까지 인정하느냐에 따라 예외의 범위가 결정될 것이므로 명확한 기준을 제시하는 것은 아니다.

Ⅲ. 제조물책임으로 인한 피해자와 생산자 사이의 이해관계의 조절

1. 국제재판관할의 이익

관할을 정하는 때에는 여러 가지 이익을 고려하여야 한다. 국내 소송절차를 규정한 민사소송법에서도 이러한 이익들을 고려하여 관할을 정하고 있다. 국제재판관할을 정하는 규칙을 정립할 때에나 구체적 사건에서 국제재판관할의 행사 여부를 정할 때에도 서로 대립하는 여러 이익을 비교 분석하여 결정하게 된다.[8] 이 때 고려되는 사항으로 예시되는 것들이 다양하게 있다. 소송

당사자의 편의 · 공평 · 예측가능성, 재판의 신속 · 능률 · 공평, 증거조사 · 증인신문의 용이, 판결의 실효성, 사건에 대한 국가의 이익, 법선택과의 관련 등을 그 고려사항으로 열거하는 견해도 있고[9] 여기에 생활 경제활동의 근거지, 증거방법의 집중지, 국적, 자국민보호, 사업활동지 등을 추가하는 견해도 있다고 한다.[10] 관할이익에 대한 독일에서의 구체적인 분석을 소개하고 나서, 국제재판관할 규칙을 정립하는 단계에서는 국제절차적인 정의를 우선시키는 것이 적절하나 일단 정립된 국제재판관할 규칙을 구체적인 사건에 적용하여 국제재판관할의 행사 여부를 판단하는 단계에서는 실질절차법적 정의를 구현하기 위하여 모든 사정을 고려할 수 있다는 견해도 있다.[11]

국제재판관할의 이익은 몇 가지로 분류할 수 있다. 즉, 소송당사자의 이익, 국가의 이익, 법원의 이익, 질서이익으로 나눌 수 있다.[12] 소송당사자의 이익으로는 당사자가 소송을 하는 때에 그 편의성, 언어, 증거접근성, 법 적용이익 등을 들 수 있다. 법원의 이익으로는 준거법의 적용, 증거조사의 편의성 등을 들 수 있다. 국가의 이익으로는 법적 평화의 유지, 당사자들의 실효적인 권리의 보호 등을 들 수 있다. 질서이익은 재판결과의 일치성, 즉 어느 사건에 대하여 한 나라가 재판을 하면 그것이 외국의 법원에서 승인이 되고 동일 사건에 대하여 다시 외국에서 재판하는 것을 예방하는 것을 말한다. 결국 이러한 이익들을 고려하여 재판관할원칙을 정하여야 국제절차법적 정의가 이루어질 수 있다. 이

8) 석광현, 주 7) 41면 이하 참조.

9) 강병섭, "국제재판관할", 섭외사건의 제문제(하) 재판자료 34집(서울: 법원행정처, 1986), 336-337면.

10) 최공웅, "민사소송법 제9조와 재판관할권", 민사법학의 제문제(서울: 소봉 김용한 교수 화갑기념논문집 간행위원회, 1990), 515면.

11) 석광현, 주 7), 41-45면, 동 150-163면. 실질절차법적 고려로 '부적절한 법정지의 법리'를 들고 있다.

12) 위 책, 42면 참조.

러한 이익들이 서로 충돌하는 때에는 소송당사자의 이익을 우선시키고 그 다음에 법원의 이익을 고려하고 국가이익과 질서이익은 그 뒤로 미루는 것이 타당한 것으로 보인다. 법원의 이익이나 국가의 이익은 당사자가 사적인 소송을 통해서 얻으려는 판결의 결과에 대한 이해관계가 당사자의 그것보다 더 적기 때문이다.

2. 제조물책임으로 인한 피해자의 이해관계

피해자로서는 발생한 법익의 침해에 대하여 손해배상을 현실적으로 받는 데 가장 유리한 법정지를 선택하여야 한다. 즉 피해자로서는 자기의 주장을 받아들일 수 있는 법원에 소를 제기하여야 하며 또한 그러한 소송 수행이 수월한 곳을 골라야 하는 것이다. 즉 접근성과 실현성이 가장 중요한 기준이 된다. 우선 교통과 통신이 편리하여야 할 것이며 언어의 소통도 중요한 판단의 준거가 된다. 또한 증거의 수집과 제출이 용이하여야 하며 자기가 그 내용을 다른 국가의 법보다는 잘 알고 있는 자국의 법을 적용받기를 원할 것이다. 이것은 법적용의 이익이라고도 할 수 있을 것이다.

3. 제조물책임으로 인한 생산자의 이해관계

여러 나라에 물건을 수출함으로써 생산자로서는 유사한 내용의 사건에 대하여 각각 다른 여러 나라에서 동시에 소송을 수행하여야 하는 불편을 피하고자 할 것이다. 또한 증거의 제출과 조사에 편리한 곳을 선택하려고 할 것이다. 피해자와 마찬가지로 언어, 교통, 통신, 자국의 법적용 이익 등이 생산자에게도 중요한 준거가 된다. 그러나 피해자가 소를 제기하는 것이므로 생산자로서는 이러한 이익을 지키려면 법원에서 그 사건에 대하여 현 법정지가 관할권이 없음을 주장하여야 한다. 이때 이러한 자기의 이익이 고려되지 않은 법정지라면 관할권 없음을 그 근거로 주장할 수 있을 것이다.

4. 양 당사자의 이해관계의 조절

원고인 피해자와 피고인 생산자(또는 판매자)의 이해관계는 적절히 조절되어야 한다. 이 경우에 피해자로서는 자국의 법원에서 자국법에 따라 판단받는 것이 가장 유리할 수도 있지만 손해배상금을 가장 많이 받을 수 있는 다른 나라의 법원을 선택할 수도 있다. 즉 앞에서 언급한 여러 이익 중에서 몇 가지를 희생하더라도 손해배상액이 훨씬 커진다면 다른 법원을 모색할 수도 있는 것이다. 생산자로서는 어느 법원에 제소될 지를 미리 아는 것이 쉽지 않다. 원고의 태도에 따라 그 법원이 달라질 수 있기 때문이다. 이렇게 예측가능성이 없다면 생산자로서는 그 비용의 부담과 액의 크기가 어느 정도일지 알 수 없으며 제품가격에 전가하는 것도 쉽지 않게 된다.[13] 그렇게 된다면 생사자로서는 국제거래에 나서는 것이 결코 쉽게 결정할 일은 아니다. 따라서 피해자에게 유리하게만 결정할 수도 없다. 결국 양 당사자의 이해관계의 조절이 필요한데 그 기준은 생산자에게 최소한도의 예측가능성이 있어야 한다는 것을 들 수 있다.

Ⅳ. 製造物責任訴訟의 國際裁判管轄

1. 不法行爲地

製造物責任의 법률적 성격에 대하여 종래 논의가 있었지만 크게 契約說과 不法行爲說로 나뉘었고 현재는 특수한 不法行爲로

13) 물론 제조물책임보험에 가입하여 이러한 문제들 중 상당 부분을 해소할 수는 있다.

보는 견해가 다수를 점하게 되었다. 따라서 製造物責任訴訟의 裁判管轄權을 일반적인 不法行爲와 같이 본다면 不法行爲地에 그 裁判管轄權을 인정하게 되는 것이 순리이다. 물론 不法行爲 중 특수한 것으로 보아 따로 규정하는 것도 가능하지만 이렇게 별도로 규율하지 않은 이상 종래의 不法行爲地에 그 裁判管轄權을 인정하는 것이 가장 손쉬운 해결책이 된다. 여기서 문제는 그 不法行爲地를 어떻게 확정할 것인가, 行動地와 結果發生地가 서로 다른 경우 양자의 선택을 인정할 것인가, 과연 生産者는 그러한 不法行爲地를 예견할 수 있는가 등이 될 것이다.

브뤼셀 협약에서도 不法行爲에 관한 사건에 대하여 不法行爲地의 법원이 裁判管轄을 갖는다. 여기서 不法行爲地란 行動地와 結果發生地의 양자를 모두 의미하고 원고는 그의 선택에 따라 어느 곳에서나 제소할 수 있다.[14)]

우리 民事訴訟法에서도 제18조에서 不法行爲地의 裁判管轄을 인정하고 있는데, 이를 國際裁判管轄에도 그대로 적용할 수 있다고 보는 견해가 일반적이다. 또한 이 경우에 不法行爲地로는 行動地와 結果發生地 모두를 포함하는 것으로 해석한다. 다만 이때 國際訴訟의 적정, 공평, 신속이라는 관점에서 합리적으로 결정하여야 한다고 한다.[15)] 行動地를 원인발생지로, 結果發生地를 손해발생지로 보는 견해도 같은 태도를 취한 것으로 보인다.[16)] 製造物責任 訴訟에서는 여기에 추가로 加害者가 예측할 수 있는 지역인가를 합리적으로 고려하여야 한다고 주장한다.[17)] 또 結果發生地에서 소를 제기하는 경우 당해 국가에서 발생한 손해에 한하여 國際裁判管轄을 제한할 것인지 여부를 검토하여야 한다는 견

14) 석광현, 주 7), 232-233면.

15) 위 글, 233면.

16) 유재풍, "國際訴訟의 裁判管轄에 관한 연구", 청주대학교 대학원 박사학위 논문(1994), 112-113면.

17) 위 글, 114면. 석광현, 위 책, 235면.

해도 있다.[18)]

이 견해들을 종합하면 헤이그 신협약의 예비초안과 비슷하다.[19)] 즉 不法行爲의 경우, 손해를 초래한 작위 또는 부작위가 행해진 국가(즉 行動地), 또는 손해가 발생한 국가(즉, 結果發生地)에서 被害者가 소를 제기할 수 있다. 다만 후자의 경우에는 책임이 있다고 주장된 사람이 작위 또는 부작위가 그 국가에서 동일한 성질의 손해를 결과할 수 있었을 것임을 합리적으로 예견할 수 없었음을 피고가 증명하는 경우에는 그 국가에 裁判管轄이 인정되지 않는다. 단지 그 곳에서 손해가 발생하였거나 발생할 가능성이 있다는 것만을 근거로 어느 국가의 법원에서 소가 제기된 경우 그 법원은, 被害者가 그의 상거소를 당해 국가에 가지는 경우가 아닌 한, 당해 국가에서 발생하였거나 발생할 손해에 대하여만 裁判管轄을 갖는다고 제한한다.

2. 유통과정이론(stream of commerce theory)

상품의 製造者가 製造物을 상품 유통의 경로에 두고 통상의 유통과정을 거쳐 소비자의 손에 넘어가는 것을 國際裁判管轄權의 기초로 파악하여 상품의 구입지, 상품의 사용지 및 사고발생지의 管轄權을 인정하려는 견해이다.[20)] 이는 상품의 유통과정의 통상성과 함께 製造者의 영업규모와 성격, 제품의 성질, 거래상의 유동성 및 사용상의 유동성, 당해 제품의 유통 및 이동에 관여한 자의 성격 등을 종합적으로 감안하여 판정해야 한다는 입법론이다. 이 견해에 의한다면 管轄이 인정되는 범위가 상당히 넓어질 것으로 보인다. 그 범위를 어떤 기준에 의하여 적절히 통제할 것

18) 석광현, 위 책, 234면.

19) 제10조.

20) 이병화, "國際製造物責任法에 관한 연구", 비교사법 제11권 2호, 370면 참조.

인지가 문제이다. 다만 이 견해가 製造物責任의 실질을 파악하려는 점에서 참조할 가치가 있다고 본다. 또한 製造者로서도 豫見可能性을 어느 정도는 확보할 수 있다. 그러나 상품의 사용지 및 사고발생지에 대해서 과연 製造者가 어느 정도의 豫見可能性을 가질 수 있는지 의문이다.

3. 활동(activities) – transacting business 이론

이 이론은 미국의 실무에서 비롯된 것이다. 즉 계약 및 不法行爲에 관한 國際裁判管轄을 그 법적 성질에 불구하고 피고의 활동(activities)을 裁判管轄의 근거로 사용하자는 견해이다. 즉, 어느 當事者(자연인 또는 법인)가 어느 국가 내에서 활동을 해왔고 그 활동으로부터 訴訟이 발생한 경우 그 當事者는 그 분쟁에 관하여 당해 국가에서 제소될 수 있다는 것이다.[21] 즉 “활동(activities)”이 裁判管轄의 근거가 되는 것이다. 다만 이 경우 어느 정도의 “활동(activities)”을 裁判管轄의 근거로 인정할 것인가에 대하여 논의가 분분하다. 즉 “활동(activities)”의 성질(nature), 빈도(frequency), 양(magnitude) 등에서 일정한 기준을 제시한다는 것이 쉽지 않기 때문이다. 다만 당해 국가 내에서 지점을 통하여 규칙적인 영업활동(regular commercial activity)을 하고 있다면 여기에 해당된다고 할 수 있을 것이다. 이 이론도 실질적인 면에서 본다면 상당한 근거를 갖고 있다고 평가할 수 있을 것이다.

4. 소결

製造物責任의 國際裁判管轄을 어떻게 정립할 것인가 하는 문제

---

21) 이는 헤이그 國際私法會議의 ‘민사 및 상사사건의 國際裁判管轄과 외국재판에 관한 협약’ 2001년 초안 제10조 제2항 괄호안에 규정되어 있다. 계약에 관한 管轄에 대하여 규정한 것보다는 간략한 형태이다.

에서 앞에서 본 바와 같은 여러 利益들을 고려하고 판단하여야 한다. 앞에서 본 여러 이론들은 구체적으로 當事者들의 利益을 분석하지 않고 외부에 나타나는 현상을 중심으로 管轄을 정하려고 한다. 물론 객관적으로 외부에 나타나는 요소를 중심으로 판단하는 것이 명확하고 합리적이라고 할 수 있다. 이런 점에서 본다면 不法行爲地로서 行動地와 結果發生地가 가장 명확하다. 그렇지만 피고가 되는 當事者인 製造者로서는 예견할 수 없는 국가의 법원에서 訴訟을 수행해야 한다는 어려움이 있으며 법 적용문제에 자기 利益을 관철시킬 수 없는 불리함이 있다. 유통과정이론이나 행동이론 역시 이러한 豫見可能性을 충분히 반영한 것이라고 보기엔 어려움이 있다. 따라서 그러한 이론들을 채택한다고 할 때에는 裁判管轄을 배제하는 예외적인 규칙들이 정립되어야 한다.

V. 結語

결국 製造物責任의 裁判管轄을 현행법에 의하여 판단할 수 있는가 하는 점에 대하여 일반 不法行爲에 관한 규정의 해석만으로는 만족할 수 없다는 것을 앞에서 본 여러 이론들이 논증하는 셈이다. 製造物責任의 國際裁判管轄을 정하는 원칙을 정립할 필요가 있다는 말은 바로 製造物責任에 대하여 일반적인 不法行爲에 대한 원칙과는 다른 무엇인가가 필요하다는 것과 상통하는 말이다. 그렇다면 현행법에 의하여 어떻게 해석 원칙을 세울 수 있는가 하는 문제와 製造物責任의 裁判管轄 원칙을 새로 정립하는 문제가 남는다. 현행법에 의한다면 不法行爲地主義에 의지하게 되는데 우리 대법원은 이 경우 "특별한 사정" 이론을 여기에 개입시킨다. 이것이 미국에서 말하는 "특별한 사정"과 동일한 것인지는 의문이 있다. 즉 부적절한 法廷地의 법리를 받아들인 것으로 판단하는 것은 좀 빠른 것 같다. 또 어떤 명확한 기준을 제시하지 않고 있기 때문에 條理에 의하여 不法行爲地를 제한한다는 것도 합리적이라고 보기 어렵다. 물론 법조문도 없는 상황에서 국내 裁判管轄을 정하는 民事訴訟法 규정에 의하여 國際裁判管轄을 정하려고 한다면 어느 정도의 곤란은 감수해야 할 것이다. 그렇더라도 이러한 유형의 사건이 생길 때마다 각기 다른 판단을 한다는 것은 當事者들에게 裁判管轄에 대한 豫見可能性을 갖지 못하게 한다. 따라서 어느 정도의 명확한 해석원칙이 정립되어야 한다. 이 경우 行動地 또는 結果發生地를 모두 不法行爲地로 보아 裁判管轄을 인정하고, 結果發生地에 裁判管轄을 인정하는 경우에는 그 당해 국가에서 발생한 손해에 그 재판의 대상을 한정해야 할 것이다. 그리고 製造者가 그러한 裁判管轄을 예견할 수 있어야 한다. 따라서 단순한 우연에 의하여 어느 국가가 유통과정에 들어갔다거나 被害者가 여행과정에 사고가 생긴 경우라면 그 국가가 단순히 行動地라든가 結果發生地라고 하여 그 국기에 裁判管轄을 인정하는 것은 상당히 곤란하다고 본다. 우리 나라에서 본안을 재판하는 경우에는 우리 나라가 그러한 行動地이거나 結果發生地이면 裁判管轄을 인정하게 된다. 외국에서 訴訟이 이루어져서 그 판결의 승인 집행이 문제되는 때라면 그 외국이 그러한 行動地나 結果發生地이면 그 외국에 裁判管轄이 인정될 것이다. 다만 그 외국이 結果發生地라면 그 국가에서 발생한 손해에 대하여만 우리 나라에서 承認 執行할 수 있게 될 것이다.

이러한 문제점들을 명확하게 제거하려면 역시 立法을 하는 것이 가장 확실하다. 그렇다면 어떻게 그 내용을 정할 것인가. 不法行爲의 裁判管轄과는 별도로 製造物責任에 대하여 裁判管轄을 정한다면 製造者 측의 利益을 상당히 고려하는 입안을 하여야 한다. 즉 製造者 측의 豫見可能性이 고려요소가 된다. 스위스 國際私法[22]은 제129조에서 不法行爲의 裁判管轄에 대하여 규정하고 특칙으로는 핵시설 등에 의한 피해의 경우만을 규정할 뿐 製造物責任에 대한 特別裁判籍을 인정하고 있지는 않다. 그런데 제135조에서 製造物責任의 準據法에 대하여 규율하고 있는데 그 제1항 b에서 규정하고 있는 방식이 製造物責任의 裁判管轄을 정할 때에 채용할 만한 내용이다. 그 규정은 "加害者가 생산물이 그 국가에서 그의 동의 없이 거래되기에 이르렀음을 증명하지 않는 한 생산물이 취득된 국가의 법"을 準據法으로 정하고 있는데 이것을 裁判管轄의 원칙으로 수정한다면 "加害者가 생산물이 그 국가에서 그의 동의 없이 거래되기에 이르렀음을 증명하지 않는 한 생산물이 취득된 국가"에 裁判管轄을 인정할 수 있다. 즉 製造物責任의 國際裁判管轄의 원칙은 다음과 같이 정하는 것이 한 방법일 듯하다.

"제 조. 製造物責任으로 인한 裁判管轄은 다음의 국가에 인정된다.

加害者가 製造物이 그 국가에서 그의 동의 없이 거래되기에 이르렀음을 증명하지 않는 한 製造物이 취득된 국가

22) Bundesgesetz über das Internationale Privatrecht (國際私法에 관한 연방법률) 1987.12.18. 번역문은 이호정, 스위스 國際私法(서울대학교 법학 제31권 · 3 · 4호, 1990. 12면 이하) 또는 석광현, "스위스 國際私法", 國際私法과 國際訴訟 제1권(2001) 527면 이하 참조.

부 록

1. 국제사법(남한)
2. 대외민사관계법(북한)

국제사법

전문개정 2001.04.07 (법률 제6465호) 법무부

제1장 총칙

제1조(목적) 이 법은 외국적 요소가 있는 법률관계에 관하여 국제재판관할에 관한 원칙과 준거법을 정함을 목적으로 한다.

제2조(국제재판관할)

① 법원은 당사자 또는 분쟁이 된 사안이 대한민국과 실질적 관련이 있는 경우에 국제재판관할권을 가진다. 이 경우 법원은 실질적 관련의 유무를 판단함에 있어 국제재판관할 배분의 이념에 부합하는 합리적인 원칙에 따라야 한다.

② 법원은 국내법의 관할 규정을 참작하여 국제재판관할권의 유무를 판단하되, 제1항의 규정의 취지에 비추어 국제재판관할의 특수성을 충분히 고려하여야 한다.

제3조(본국법)

① 당사자의 본국법에 의하여야 하는 경우에 당사자가 둘 이상의 국적을 가지는 때에는 그와 가장 밀접한 관련이 있는 국가의 법을 그 본국법으로 정한다. 다만, 그 국적중 하나가 대한민국인 때에는 대한민국 법을 본국법으로 한다.

② 당사자가 국적을 가지지 아니하거나 당사자의 국적을 알 수 없는 때에는 그의 상거소(常居所)가 있는 국가의 법(이하 "상거소지법"이라 한다)에 의하고, 상거소를 알 수 없는 때에는 그의 거소가 있는 국가의 법에 의한다.

③ 당사자가 지역에 따라 법을 달리하는 국가의 국적을 가지는 때에는 그 국가의 법 선택규정에 따라 지정되는 법에

의하고, 그러한 규정이 없는 때에는 당사자와 가장 밀접한 관련이 있는 지역의 법에 의한다.

제4조(상거소지법) 당사자의 상거소지법(常居所地法)에 의하여야 하는 경우에 당사자의 상거소를 알 수 없는 때에는 그의 거소가 있는 국가의 법에 의한다.

제5조(외국법의 적용) 법원은 이 법에 의하여 지정된 외국법의 내용을 직권으로 조사 · 적용하여야 하며, 이를 위하여 당사자에게 그에 대한 협력을 요구할 수 있다.

제6조(준거법의 범위) 이 법에 의하여 준거법으로 지정되는 외국법의 규정은 공법적 성격이 있다는 이유만으로 그 적용이 배제되지 아니한다.

제7조(대한민국 법의 강행적 적용) 입법목적에 비추어 준거법에 관계없이 해당 법률관계에 적용되어야 하는 대한민국의 강행규정은 이 법에 의하여 외국법이 준거법으로 지정되는 경우에도 이를 적용한다.

제8조(준거법 지정의 예외)

① 이 법에 의하여 지정된 준거법이 해당 법률관계와 근소한 관련이 있을 뿐이고, 그 법률관계와 가장 밀접한 관련이 있는 다른 국가의 법이 명백히 존재하는 경우에는 그 다른 국가의 법에 의한다.

② 제1항의 규정은 당사자가 합의에 의하여 준거법을 선택하는 경우에는 이를 적용하지 아니한다.

제9조(준거법 지정시의 반정(反定))

① 이 법에 의하여 외국법이 준거법으로 지정된 경우에 그 국가의 법에 의하여 대한민국 법이 적용되어야 하는 때에는 대한민국의 법(준거법의 지정에 관한 법규를 제외한다)에 의한다.

② 다음 각호중 어느 하나에 해당하는 경우에는 제1항의 규정을 적용하지 아니한다.

1. 당사자가 합의에 의하여 준거법을 선택하는 경우
2. 이 법에 의하여 계약의 준거법이 지정되는 경우
3. 제46조의 규정에 의하여 부양의 준거법이 지정되는 경우
4. 제50조제3항의 규정에 의하여 유언의 방식의 준거법이 지정되는 경우
5. 제60조의 규정에 의하여 선적국법이 지정되는 경우
6. 그 밖에 제1항의 규정을 적용하는 것이 이 법의 지정 취지에 반하는 경우

제10조(사회질서에 반하는 외국법의 규정) 외국법에 의하여야 하는 경우에 그 규정의 적용이 대한민국의 선량한 풍속 그 밖의 사회질서에 명백히 위반되는 때에는 이를 적용하지 아니한다.

제 2 장 사람

제11조(권리능력) 사람의 권리능력은 그의 본국법에 의한다.

제12조(실종선고) 법원은 외국인의 생사가 분명하지 아니한 경우에 대한민국에 그의 재산이 있거나 대한민국 법에 의하여야 하는 법률관계가 있는 때, 그 밖에 정당한 사유가 있는 때에는 대한민국 법에 의하여 실종선고를 할 수 있다.

제13조(행위능력)

① 사람의 행위능력은 그의 본국법에 의한다. 행위능력이 혼인에 의하여 확대되는 경우에도 또한 같다.

② 이미 취득한 행위능력은 국적의 변경에 의하여 상실되거나 제한되지 아니한다.

제14조(한정치산 및 금치산선고) 법원은 대한민국에 상거소 또

는 거소가 있는 외국인에 대하여 대한민국 법에 의하여 한정치산 또는 금치산선고를 할 수 있다.

제15조(거래보호)

① 법률행위를 행한 자와 상대방이 법률행위의 성립 당시 동일한 국가안에 있는 경우에 그 행위자가 그의 본국법에 의하면 무능력자이더라도 법률행위가 행하여진 국가의 법에 의하여 능력자인 때에는 그의 무능력을 주장할 수 없다. 다만, 상대방이 법률행위 당시 그의 무능력을 알았거나 알 수 있었을 경우에는 그러하지 아니하다.

② 제1항의 규정은 친족법 또는 상속법의 규정에 의한 법률행위 및 행위지 외의 국가에 있는 부동산에 관한 법률행위에는 이를 적용하지 아니한다.

제16조(법인 및 단체) 법인 또는 단체는 그 설립의 준거법에 의한다. 다만, 외국에서 설립된 법인 또는 단체가 대한민국에 주된 사무소가 있거나 대한민국에서 주된 사업을 하는 경우에는 대한민국 법에 의한다.

제 3 장 법률행위

제17조(법률행위의 방식)

① 법률행위의 방식은 그 행위의 준거법에 의한다.

② 행위지법에 의하여 행한 법률행위의 방식은 제1항의 규정에 불구하고 유효하다.

③ 당사자가 계약체결시 서로 다른 국가에 있는 때에는 그 국가중 어느 한 국가의 법이 정한 법률행위의 방식에 의할 수 있다.

④ 대리인에 의한 법률행위의 경우에는 대리인이 있는 국가를 기준으로 제2항에 규정된 행위지법을 정한다.

⑤ 제2항 내지 제4항의 규정은 물권 그 밖에 등기하여야 하는 권리를 설정하거나 처분하는 법률행위의 방식에 관하여는 이를 적용하지 아니한다.

제18조(임의대리)

① 본인과 대리인간의 관계는 당사자간의 법률관계의 준거법에 의한다.

② 대리인의 행위로 인하여 본인이 제3자에 대하여 의무를 부담하는지의 여부는 대리인의 영업소가 있는 국가의 법에 의하며, 대리인의 영업소가 없거나 영업소가 있더라도 제3자가 이를 알 수 없는 경우에는 대리인이 실제로 대리행위를 한 국가의 법에 의한다.

③ 대리인이 본인과 근로계약 관계에 있고, 그의 영업소가 없는 경우에는 본인의 주된 영업소를 그의 영업소로 본다.

④ 본인은 제2항 및 제3항의 규정에 불구하고 대리의 준거법을 선택할 수 있다. 다만, 준거법의 선택은 대리권을 증명하는 서면에 명시되거나 본인 또는 대리인에 의하여 제3자에게 서면으로 통지된 경우에 한하여 그 효력이 있다.

⑤ 대리권이 없는 대리인과 제3자간의 관계에 관하여는 제2항의 규정을 준용한다.

제 4 장 물권

제19조(물권의 준거법)

① 동산 및 부동산에 관한 물권 또는 등기하여야 하는 권리는 그 목적물의 소재지법에 의한다.

② 제1항에 규정된 권리의 득실변경은 그 원인된 행위 또는 사실의 완성 당시 그 목적물의 소재지법에 의한다.

제20조(운송수단) 항공기에 관한 물권은 그 국적소속국법에 의

하고, 철도차량에 관한 물권은 그 운행허가국법에 의한다.

제21조(무기명증권) 무기명증권에 관한 권리의 득실변경은 그 원인된 행위 또는 사실의 완성 당시 그 무기명증권의 소재지법에 의한다.

제22조(이동중의 물건) 이동중의 물건에 관한 물권의 득실변경은 그 목적지법에 의한다.

제23조(채권 등에 대한 약정담보물권) 채권·주식 그 밖의 권리 또는 이를 표창하는 유가증권을 대상으로 하는 약정담보물권은 담보대상인 권리의 준거법에 의한다. 다만, 무기명증권을 대상으로 하는 약정담보물권은 제21조의 규정에 의한다.

제24조(지적재산권의 보호) 지적재산권의 보호는 그 침해지법에 의한다.

제 5 장 채권

제25조(당사자 자치)

① 계약은 당사자가 명시적 또는 묵시적으로 선택한 법에 의한다. 다만, 묵시적인 선택은 계약내용 그 밖에 모든 사정으로부터 합리적으로 인정할 수 있는 경우에 한한다.

② 당사자는 계약의 일부에 관하여도 준거법을 선택할 수 있다.

③ 당사자는 합의에 의하여 이 조 또는 제26조의 규정에 의한 준거법을 변경할 수 있다. 다만, 계약체결 후 이루어진 준거법의 변경은 계약의 방식의 유효성과 제3자의 권리에 영향을 미치지 아니한다.

④ 모든 요소가 오로지 한 국가와 관련이 있음에도 불구하고 당사자가 그 외의 다른 국가의 법을 선택한 경우에 관련된 국가의 강행규정은 그 적용이 배제되지 아니한다.

⑤ 준거법 선택에 관한 당사자의 합의의 성립 및 유효성에 관하여는 제29조의 규정을 준용한다.

제26조(준거법 결정시의 객관적 연결)

① 당사자가 준거법을 선택하지 아니한 경우에 계약은 그 계약과 가장 밀접한 관련이 있는 국가의 법에 의한다.

② 당사자가 계약에 따라 다음 각호중 어느 하나에 해당하는 이행을 행하여야 하는 경우에는 계약체결 당시 그의 상거소가 있는 국가의 법(당사자가 법인 또는 단체인 경우에는 주된 사무소가 있는 국가의 법)이 가장 밀접한 관련이 있는 것으로 추정한다. 다만, 계약이 당사자의 직업 또는 영업활동으로 체결된 경우에는 당사자의 영업소가 있는 국가의 법이 가장 밀접한 관련이 있는 것으로 추정한다.

1. 양도계약의 경우에는 양도인의 이행
2. 이용계약의 경우에는 물건 또는 권리를 이용하도록 하는 당사자의 이행
3. 위임·도급계약 및 이와 유사한 용역제공계약의 경우에는 용역의 이행

③ 부동산에 대한 권리를 대상으로 하는 계약의 경우에는 부동산이 소재하는 국가의 법이 가장 밀접한 관련이 있는 것으로 추정한다.

제27조(소비자계약)

① 소비자가 직업 또는 영업활동 외의 목적으로 체결하는 계약이 다음 각호중 어느 하나에 해당하는 경우에는 당사자가 준거법을 선택하더라도 소비자의 상거소가 있는 국가의 강행규정에 의하여 소비자에게 부여되는 보호를 박탈할 수 없다.

1. 소비자의 상대방이 계약체결에 앞서 그 국가에서 광고에 의한 거래의 권유 등 직업 또는 영업활동을 행하거나 그 국가 외의 지역에서 그 국가로 광고에 의한 거래

의 권유 등 직업 또는 영업활동을 행하고, 소비자가 그 국가에서 계약체결에 필요한 행위를 한 경우

2. 소비자의 상대방이 그 국가에서 소비자의 주문을 받은 경우

3. 소비자의 상대방이 소비자로 하여금 외국에 가서 주문을 하도록 유도한 경우

② 당사자가 준거법을 선택하지 아니한 경우에 제1항의 규정에 의한 계약은 제26조의 규정에 불구하고 소비자의 상거소지법에 의한다.

③ 제1항의 규정에 의한 계약의 방식은 제17조제1항 내지 제3항의 규정에 불구하고 소비자의 상거소지법에 의한다.

④ 제1항의 규정에 의한 계약의 경우에 소비자는 그의 상거소가 있는 국가에서도 상대방에 대하여 소를 제기할 수 있다.

⑤ 제1항의 규정에 의한 계약의 경우에 소비자의 상대방이 소비자에 대하여 제기하는 소는 소비자의 상거소가 있는 국가에서만 제기할 수 있다.

⑥ 제1항의 규정에 의한 계약의 당사자는 서면에 의하여 국제재판관할에 관한 합의를 할 수 있다. 다만, 그 합의는 다음 각호중 어느 하나에 해당하는 경우에 한하여 그 효력이 있다.

1. 분쟁이 이미 발생한 경우
2. 소비자에게 이 조에 의한 관할법원에 추가하여 다른 법원에 제소하는 것을 허용하는 경우

제28조(근로계약)

① 근로계약의 경우에 당사자가 준거법을 선택하더라도 제2항의 규정에 의하여 지정되는 준거법 소속 국가의 강행규정에 의하여 근로자에게 부여되는 보호를 박탈할 수 없다.

② 당사자가 준거법을 선택하지 아니한 경우에 근로계약은 제26조의 규정에 불구하고 근로자가 일상적으로 노무를 제

공하는 국가의 법에 의하며, 근로자가 일상적으로 어느 한 국가안에서 노무를 제공하지 아니하는 경우에는 사용자가 근로자를 고용한 영업소가 있는 국가의 법에 의한다.

③ 근로계약의 경우에 근로자는 자신이 일상적으로 노무를 제공하거나 또는 최후로 일상적 노무를 제공하였던 국가에서도 사용자에 대하여 소를 제기할 수 있으며, 자신이 일상적으로 어느 한 국가안에서 노무를 제공하지 아니하거나 아니하였던 경우에는 사용자가 그를 고용한 영업소가 있거나 있었던 국가에서도 사용자에 대하여 소를 제기할 수 있다.

④ 근로계약의 경우에 사용자가 근로자에 대하여 제기하는 소는 근로자의 상거소가 있는 국가 또는 근로자가 일상적으로 노무를 제공하는 국가에서만 제기할 수 있다.

⑤ 근로계약의 당사자는 서면에 의하여 국제재판관할에 관한 합의를 할 수 있다. 다만, 그 합의는 다음 각호중 어느 하나에 해당하는 경우에 한하여 그 효력이 있다.

1. 분쟁이 이미 발생한 경우
2. 근로자에게 이 조에 의한 관할법원에 추가하여 다른 법원에 제소하는 것을 허용하는 경우

제29조(계약의 성립 및 유효성)

① 계약의 성립 및 유효성은 그 계약이 유효하게 성립하였을 경우 이 법에 의하여 적용되어야 하는 준거법에 따라 판단한다.

② 제1항의 규정에 의한 준거법에 따라 당사자의 행위의 효력을 판단하는 것이 모든 사정에 비추어 명백히 부당한 경우에는 그 당사자는 계약에 동의하지 아니하였음을 주장하기 위하여 그의 상거소지법을 원용할 수 있다.

제30조(사무관리)

① 사무관리는 그 관리가 행하여진 곳의 법에 의한다. 다만,

사무관리가 당사자간의 법률관계에 기하여 행하여진 경우에는 그 법률관계의 준거법에 의한다.

② 다른 사람의 채무를 변제함으로써 발생하는 청구권은 그 채무의 준거법에 의한다.

제31조(부당이득) 부당이득은 그 이득이 발생한 곳의 법에 의한다. 다만, 부당이득이 당사자간의 법률관계에 기하여 행하여진 이행으로부터 발생한 경우에는 그 법률관계의 준거법에 의한다.

제32조(불법행위)

① 불법행위는 그 행위가 행하여진 곳의 법에 의한다.

② 불법행위가 행하여진 당시 동일한 국가안에 가해자와 피해자의 상거소가 있는 경우에는 제1항의 규정에 불구하고 그 국가의 법에 의한다.

③ 가해자와 피해자간에 존재하는 법률관계가 불법행위에 의하여 침해되는 경우에는 제1항 및 제2항의 규정에 불구하고 그 법률관계의 준거법에 의한다.

④ 제1항 내지 제3항의 규정에 의하여 외국법이 적용되는 경우에 불법행위로 인한 손해배상청구권은 그 성질이 명백히 피해자의 적절한 배상을 위한 것이 아니거나 또는 그 범위가 본질적으로 피해자의 적절한 배상을 위하여 필요한 정도를 넘는 때에는 이를 인정하지 아니한다.

제33조(준거법에 관한 사후적 합의) 당사자는 제30조 내지 제32조의 규정에 불구하고 사무관리 · 부당이득 · 불법행위가 발생한 후 합의에 의하여 대한민국 법을 그 준거법으로 선택할 수 있다. 다만, 그로 인하여 제3자의 권리에 영향을 미치지 아니한다.

제34조(채권의 양도 및 채무의 인수)

① 채권의 양도인과 양수인간의 법률관계는 당사자간의 계약의 준거법에 의한다. 다만, 채권의 양도가능성, 채무자 및

제3자에 대한 채권양도의 효력은 양도되는 채권의 준거법에 의한다.

② 제1항의 규정은 채무인수에 이를 준용한다.

제35조(법률에 의한 채권의 이전)

① 법률에 의한 채권의 이전은 그 이전의 원인이 된 구채권자와 신채권자간의 법률관계의 준거법에 의한다. 다만, 이전되는 채권의 준거법에 채무자 보호를 위한 규정이 있는 경우에는 그 규정이 적용된다.

② 제1항과 같은 법률관계가 존재하지 아니하는 경우에는 이전되는 채권의 준거법에 의한다.

제 6 장 친족

제36조(혼인의 성립)

① 혼인의 성립요건은 각 당사자에 관하여 그 본국법에 의한다.

② 혼인의 방식은 혼인거행지법 또는 당사자 일방의 본국법에 의한다. 다만, 대한민국에서 혼인을 거행하는 경우에 당사자 일방이 대한민국 국민인 때에는 대한민국 법에 의한다.

제37조(혼인의 일반적 효력) 혼인의 일반적 효력은 다음 각호에 정한 법의 순위에 의한다.

1. 부부의 동일한 본국법
2. 부부의 동일한 상거소지법
3. 부부와 가장 밀접한 관련이 있는 곳의 법

제38조(부부재산제)

① 부부재산제에 관하여는 제37조의 규정을 준용한다.

② 부부가 합의에 의하여 다음 각호의 법중 어느 것을 선택한 경우에는 부부재산제는 제1항의 규정에 불구하고 그 법에

의한다. 다만, 그 합의는 일자와 부부의 기명날인 또는 서명이 있는 서면으로 작성된 경우에 한하여 그 효력이 있다.
1. 부부중 일방이 국적을 가지는 법
2. 부부중 일방의 상거소지법
3. 부동산에 관한 부부재산제에 대하여는 그 부동산의 소재지법

③ 외국법에 의한 부부재산제는 대한민국에서 행한 법률행위 및 대한민국에 있는 재산에 관하여 이를 선의의 제3자에게 대항할 수 없다. 이 경우 그 부부재산제에 의할 수 없는 때에는 제3자와의 관계에 관하여 부부재산제는 대한민국 법에 의한다.

④ 외국법에 의하여 체결된 부부재산계약은 대한민국에서 등기한 경우 제3항의 규정에 불구하고 이를 제3자에게 대항할 수 있다.

제39조(이혼) 이혼에 관하여는 제37조의 규정을 준용한다. 다만, 부부중 일방이 대한민국에 상거소가 있는 대한민국 국민인 경우에는 이혼은 대한민국 법에 의한다.

제40조(혼인중의 친자관계)

① 혼인중의 친자관계의 성립은 자(子)의 출생 당시 부부중 일방의 본국법에 의한다.

② 제1항의 경우 부(夫)가 자(子)의 출생전에 사망한 때에는 사망 당시 본국법을 그의 본국법으로 본다.

제41조(혼인 외의 친자관계)

① 혼인 외의 친자관계의 성립은 자(子)의 출생 당시 모의 본국법에 의한다. 다만, 부자간의 친자관계의 성립은 자(子)의 출생 당시 부(父)의 본국법 또는 현재 자(子)의 상거소지법에 의할 수 있다.

② 인지는 제1항이 정하는 법 외에 인지 당시 인지자의 본국

법에 의할 수 있다.

③ 제1항의 경우 부(父)가 자(子)의 출생전에 사망한 때에는 사망 당시 본국법을 그의 본국법으로 보고, 제2항의 경우 인지자가 인지전에 사망한 때에는 사망 당시 본국법을 그의 본국법으로 본다.

제42조[혼인외 출생자에 대한 준정(準正)]

① 혼인외의 출생자가 혼인중의 출생자로 그 지위가 변동되는 경우에 관하여는 그 요건인 사실의 완성 당시 부(父) 또는 모의 본국법 또는 자(子)의 상거소지법에 의한다.

② 제1항의 경우 부(父) 또는 모가 그 요건인 사실이 완성되기 전에 사망한 때에는 사망 당시 본국법을 그의 본국법으로 본다.

제43조(입양 및 파양) 입양 및 파양은 입양 당시 양친(養親)의 본국법에 의한다.

제44조(동의) 제41조 내지 제43조의 규정에 의한 친자관계의 성립에 관하여 자(子)의 본국법이 자(子) 또는 제3자의 승낙이나 동의 등을 요건으로 할 때에는 그 요건도 갖추어야 한다.

제45조(친자간의 법률관계) 친자간의 법률관계는 부모와 자(子)의 본국법이 모두 동일한 경우에는 그 법에 의하고, 그 외의 경우에는 자(子)의 상거소지법에 의한다.

제46조(부양)

① 부양의 의무는 부양권리자의 상거소지법에 의한다. 다만, 그 법에 의하면 부양권리자가 부양의무자로부터 부양을 받을 수 없는 때에는 당사자의 공통 본국법에 의한다.

② 대한민국에서 이혼이 이루어지거나 승인된 경우에 이혼한 당사자간의 부양의무는 제1항의 규정에 불구하고 그 이혼에 관하여 적용된 법에 의한다.

③ 방계혈족간 또는 인척간의 부양의무의 경우에 부양의무자는 부양권리자의 청구에 대하여 당사자의 공통 본국법에 의하여 부양의무가 없다는 주장을 할 수 있으며, 그러한 법이 없는 때에는 부양의무자의 상거소지법에 의하여 부양의무가 없다는 주장을 할 수 있다.

④ 부양권리자와 부양의무자가 모두 대한민국 국민이고, 부양의무자가 대한민국에 상거소가 있는 경우에는 대한민국 법에 의한다.

제47조(그 밖의 친족관계) 친족관계의 성립 및 친족관계에서 발생하는 권리의무에 관하여 이 법에 특별한 규정이 없는 경우에는 각 당사자의 본국법에 의한다.

제48조(후견)

① 후견은 피후견인의 본국법에 의한다.

② 대한민국에 상거소 또는 거소가 있는 외국인에 대한 후견은 다음 각호중 어느 하나에 해당하는 경우에 한하여 대한민국 법에 의한다.

1. 그의 본국법에 의하면 후견개시의 원인이 있더라도 그 후견사무를 행할 자가 없거나 후견사무를 행할 자가 있더라도 후견사무를 행할 수 없는 경우
2. 대한민국에서 한정치산 또는 금치산을 선고한 경우
3. 그 밖에 피후견인을 보호하여야 할 긴급한 필요가 있는 경우

제 7 장 상속

제49조(상속)

① 상속은 사망 당시 피상속인의 본국법에 의한다.

② 피상속인이 유언에 적용되는 방식에 의하여 명시적으로 다

음 각호의 법중 어느 것을 지정하는 때에는 상속은 제1항의 규정에 불구하고 그 법에 의한다.

1. 지정 당시 피상속인의 상거소가 있는 국가의 법. 다만, 그 지정은 피상속인이 사망시까지 그 국가에 상거소를 유지한 경우에 한하여 그 효력이 있다.
2. 부동산에 관한 상속에 대하여는 그 부동산의 소재지법

제50조(유언)

① 유언은 유언 당시 유언자의 본국법에 의한다.

② 유언의 변경 또는 철회는 그 당시 유언자의 본국법에 의한다.

③ 유언의 방식은 다음 각호중 어느 하나의 법에 의한다.

1. 유언자가 유언 당시 또는 사망 당시 국적을 가지는 국가의 법
2. 유언자의 유언 당시 또는 사망 당시 상거소지법
3. 유언당시 행위지법
4. 부동산에 관한 유언의 방식에 대하여는 그 부동산의 소재지법

제 8 장 어음 · 수표

제51조(행위능력)

① 환어음, 약속어음 및 수표에 의하여 채무를 부담하는 자의 능력은 그의 본국법에 의한다. 다만, 그 국가의 법이 다른 국가의 법에 의하여야 하는 것을 정한 경우에는 그 다른 국가의 법에 의한다.

② 제1항의 규정에 의하면 능력이 없는 자라 할지라도 다른 국가에서 서명을 하고 그 국가의 법에 의하여 능력이 있는 때에는 그 채무를 부담할 수 있는 능력이 있는 것으로 본다.

第52条(수표지급인의 자격)

① 수표지급인이 될 수 있는 자의 자격은 지급지법에 의한다.

② 지급지법에 의하면 지급인이 될 수 없는 자를 지급인으로 하여 수표가 무효인 경우에도 동일한 규정이 없는 다른 국가에서 행한 서명으로부터 생긴 채무의 효력에는 영향을 미치지 아니한다.

第53条(방식)

① 환어음, 약속어음 및 수표행위의 방식은 서명지법에 의한다. 다만, 수표행위의 방식은 지급지법에 의할 수 있다.

② 제1항의 규정에 의하여 행위가 무효인 경우에도 그 후 행위의 행위지법에 의하여 적법한 때에는 그 전 행위의 무효는 그 후 행위의 효력에 영향을 미치지 아니한다.

③ 대한민국 국민이 외국에서 행한 환어음, 약속어음 및 수표행위의 방식이 행위지법에 의하면 무효인 경우에도 대한민국 법에 의하여 적법한 때에는 다른 대한민국 국민에 대하여 효력이 있다.

第54条(효력)

① 환어음의 인수인과 약속어음의 발행인의 채무는 지급지법에 의하고, 수표로부터 생긴 채무는 서명지법에 의한다.

② 제1항에 규정된 자 외의 자의 환어음 및 약속어음에 의한 채무는 서명지법에 의한다.

③ 환어음, 약속어음 및 수표의 소구권을 행사하는 기간은 모든 서명자에 대하여 발행지법에 의한다.

第55条(원인채권의 취득) 어음의 소지인이 그 발행의 원인이 되는 채권을 취득하는지 여부는 어음의 발행지법에 의한다.

第56条(일부인수 및 일부지급)

① 환어음의 인수를 어음 금액의 일부에 제한할 수 있는지 여부 및 소지인이 일부지급을 수락할 의무가 있는지 여부는

지급지법에 의한다.

② 제1항의 규정은 약속어음의 지급에 준용한다.

제57조(권리의 행사 · 보전을 위한 행위의 방식) 환어음, 약속어음 및 수표에 관한 거절증서의 방식, 그 작성기간 및 환어음, 약속어음 및 수표상의 권리의 행사 또는 보전에 필요한 그 밖의 행위의 방식은 거절증서를 작성하여야 하는 곳 또는 그 밖의 행위를 행하여야 하는 곳의 법에 의한다.

제58조(상실 및 도난) 환어음, 약속어음 및 수표의 상실 또는 도난의 경우에 행하여야 하는 절차는 지급지법에 의한다.

제59조(수표의 지급지법) 수표에 관한 다음 각호의 사항은 수표의 지급지법에 의한다.

1. 수표가 일람출급을 요하는지 여부, 일람후 정기출급으로 발행할 수 있는지 여부 및 선일자수표의 효력
2. 제시기간
3. 수표에 인수, 지급보증, 확인 또는 사증을 할 수 있는지 여부 및 그 기재의 효력
4. 소지인이 일부지급을 청구할 수 있는지 여부 및 일부지급을 수락할 의무가 있는지 여부
5. 수표에 횡선을 표시할 수 있는지 여부 및 수표에 "계산을 위하여"라는 문구 또는 이와 동일한 뜻이 있는 문구의 기재의 효력. 다만, 수표의 발행인 또는 소지인이 수표면에 "계산을 위하여"라는 문구 또는 이와 동일한 뜻이 있는 문구를 기재하여 현금의 지급을 금지한 경우에 그 수표가 외국에서 발행되고 대한민국에서 지급하여야 하는 것은 일반횡선수표의 효력이 있다.
6. 소지인이 수표자금에 대하여 특별한 권리를 가지는지 여부 및 그 권리의 성질
7. 발행인이 수표의 지급위탁을 취소할 수 있는지 여부 및

지급정지를 위한 절차를 취할 수 있는지 여부

8. 배서인, 발행인 그 밖의 채무자에 대한 소구권 보전을 위하여 거절증서 또는 이와 동일한 효력을 가지는 선언을 필요로 하는지 여부

제 9 장 해상

제60조(해상) 해상에 관한 다음 각호의 사항은 선적국법에 의한다.

1. 선박의 소유권 및 저당권, 선박우선특권 그 밖의 선박에 관한 물권
2. 선박에 관한 담보물권의 우선순위
3. 선장과 해원의 행위에 대한 선박소유자의 책임범위
4. 선박소유자 · 용선자 · 선박관리인 · 선박운항자 그 밖의 선박사용인이 책임제한을 주장할 수 있는지 여부 및 그 책임제한의 범위
5. 공동해손
6. 선장의 대리권

제61조(선박충돌)

① 개항 · 하천 또는 영해에서의 선박충돌에 관한 책임은 그 충돌지법에 의한다.

② 공해에서의 선박충돌에 관한 책임은 각 선박이 동일한 선적국에 속하는 때에는 그 선적국법에 의하고, 각 선박이 선적국을 달리하는 때에는 가해선박의 선적국법에 의한다.

제62조(해양사고구조) 해양사고구조로 인한 보수청구권은 그 구조행위가 영해에서 있는 때에는 행위지법에 의하고, 공해에서 있는 때에는 구조한 선박의 선적국법에 의한다.

부칙〈제6465호, 2001.4.7〉

① **(시행일)** 이 법은 2001년 7월 1일부터 시행한다.

② **(준거법 적용의 시간적 범위)** 이 법 시행전에 생긴 사항에 대하여는 종전의 섭외사법에 의한다. 다만, 이 법 시행 전후에 계속(繼續)되는 법률관계에 관하여는 이 법 시행 이후의 법률관계에 한하여 이 법의 규정을 적용한다.

③ **(국제재판관할에 관한 경과조치)** 이 법 시행당시 법원에 계속(係屬)중인 사건에 관하여는 이 법의 국제재판관할에 관한 규정을 적용하지 아니한다.

④ **(다른 법률의 개정)** 중재법중 다음과 같이 개정한다.
제29조제1항중 "涉外私法"을 "국제사법"으로 한다.

대외민사관계법

1995. 9. 6 최고인민회의 상설회의 결정

제1장 대외민사관계법의 기본

제1조 조선민주주의인민공화국 대외민사관계법은 대외민사관계에서 당사자들의 권리와 리익을 옹호보장하며 대외경제 협력과 교류를 공고발전 시키는데 이바지한다.

제2조 이 법은 우리 나라 법인, 공민과 다른 나라 법인, 공민 사이의 재산가족 관계에 적용할 준거법을 정하며 민사분쟁에 대한 해결절차를 규제한다.

제3조 국가는 대외민사관계에서 당사자의 자주적 권리를 존중하도록 한다.

제4조 국가는 대외민사관계에서 평등과 호혜의 원칙을 구현하도록 한다.

제5조 국가는 대외민사관계에서 조선민주주의인민공화국 법률제도의 기본원칙을 견지하도록 한다.

제6조 대외민사관계와 관련하여 우리 나라가 다른 나라와 체결한 조약에서 이 법과 다르게 규정하였을 경우에는 그에 따른다. 그러나 대외민사관계에 적용할 준거법을 정한 것이 없을 경우에는 국제관례 또는 조선민주주의인민공화국 법을 적용한다.

제7조 둘이상의 국적을 가진 당사자에 대하여서는 다음과 같은 법을 본국법으로 한다.

1. 당사자가 가진 국적들 가운데서 하나가 우리 나라 국적인 경우에는 조선민주주의인민공화국 법
2. 당사자가 가진 국적들이 다른 나라의 국적인 경우에는 국적을 가진 국가들 가운데서 거주하고 있는 나라의 법

3. 당사자가 국적을 가진 국가들에 다 거주하고 있거나 어느 나라에도 거주하고 있지 않을 경우에는 가장 밀접한 관계가 있는 나라의 법

제8조 국적이 없는 당사자가 어느 한 나라에 거주하고 있을 경우에는 그 나라의 법을 본국법으로 한다. 그러나 당사자가 어느 나라에도 거주하고 있지 않거나 여러 나라에 거주하고 있을 경우에는 그가 거처하고 있는 나라의 법을 본국법으로 한다.

제9조 지방에 따라 내용이 서로 다른 법을 적용하는 나라의 국적을 가진 당사자의 본국법은 그 나라의 해당 법에 의하여 정한다.

그러나 해당 법이 없을 경우에는 그가 소속되어 있는 지방이나 그와 가장 밀접한 관계가 있는 지방의 법으로 한다.

제10조 우리 나라에 거주하고 있으면서 다른 나라에도 거주하고 있는 당사자에 대하여서는 조선민주주의인민공화국 법을 거주하고 있는 나라의 법으로 한다.

당사자가 둘 이상의 다른 나라에 거주하고 있을 경우에는 그가 거처하고 있는 나라의 법을 거주하고 있는 나라의 법으로 한다.

제11조 어느 나라에도 거주하지 않은 당사자에 대하여서는 그가 거처하고 있는 나라의 법을 거주하고 있는 나라의 법으로 한다.

제12조 이 법에 따라 준거법으로 정해진 다른 나라 법의 내용을 확인할 수 없는 경우에는 당사자와 가장 밀접한 관계가 있는 나라의 법 또는 조선민주주의인민공화국 법을 적용한다.

제13조 이 법에 따라 준거법으로 정해진 다른 나라의 법 또는 국제관례를 적용하여 설정된 당사자의 권리, 의무가 우리 나라 법률제도의 기본원칙에 어긋나는 경우는 조선민주주의인민공화국 법을 적용한다.

제14조 이 법에 따라 다른 나라의 법을 준거법으로 적용하는 경우 그 나라 법이 조선민주주의인민공화국 법에 되돌이 할 때에는 그에 따른다.

제15조 다른 나라에 거주하고 있는 우리 나라 공민이 이 법 시행일 전에 한 결혼, 리혼, 립양, 후견 같은 법률행위는 그것을 무효로 할 수 있는 사유가 없는 한 우리 나라 령역에서 효력을 가진다.

제 2 장 대외민사관계의 당사자

제16조 대외민사관계의 당사자로는 대외민사관계에 참가하는 조선민주주의인민공화국의 법인, 공민과 다른 나라의 법인, 공민이 된다.

제17조 법인의 권리능력에 대하여서는 법인이 국적을 가진 국가의 법을 적용한다.

그러나 조선민주주의인민공화국 법에서 다르게 규정하였을 경우에는 그에 따른다.

제18조 공민의 행위능력에 대하여서는 본국법을 적용한다.

본국법에 따라 미성인으로 되는 다른 나라 공민이 조선민주주의인민공화국 법에 의하여 성인으로 되는 경우 우리 나라 령역에서 그가 한 행위는 효력을 가진다.

가족, 상속 관계와 다른 나라에 있는 부동산과 관련한 행위에 대하여서는 앞항을 적용하지 않는다.

다른 나라에 거주하고 있는 우리 나라 공민의 행위능력에 대하여서는 거주하고 있는 나라의 법을 적용할 수 있다.

제19조 행위무능력자, 부분적행위능력자 인증조건에 대하여서는 당사자의 본국법을 적용한다. 그러나 본국법에 따라 인증된다고 하여도 조선민주주의인민공화국 법에 의하여 인증되지 않을 경우에는 행위무능력자, 부분적행위능력자로 인증하지 않을 수 있다.

제20조 행위무능력자, 부분적행위능력자 인증의 효력에 대하여서는 그것을 인증한 나라의 법을 적용한다.

제21조 소재불명자, 사망자 인증에 대하여서는 당사자의 본국법을 적용한다. 그러나 소재불명자, 사망자 인증이 우리 나라에 있는 법인, 공민, 재산과 관련이 있을 경우에는 조선민주주의인민공화국 법을 적용한다.

제 3 장 재산관계

제22조 점유권, 소유권 같은 재산과 관련한 권리에 대하여서는 재산이 있는 나라의 법을 적용한다. 그러나 선박, 비행기 같은 수송수단과 수송중에 있는 재산과 관련한 권리에 대하여서는 해당 수송수단에 표시한 국기 나라의 법 또는 수송수단이 속한 나라의 법을 적용한다.

제23조 저작권, 발명권 같은 지적재산권과 관련한 권리에 대하여서는 조선민주주의인민공화국 법에 따른다. 그러나 우리 나라 법에 규정된 것이 없을 경우에는 해당 국제조약에 따른다.

제24조 매매, 수송, 보험 계약을 맺는 것 같은 재산거래행위에 대하여서는 당사자들이 합의하여 정한 나라의 법을 적용한다. 그러나 당사자들이 합의한 법이 없을 경우에는 재산거래행위가 있은 나라의 법을 적용한다.

제25조 서로 다른 나라에 있는 당사자들이 전보 또는 서신 같은 것을 리용하여 계약을 맺을 경우에 행위가 있은 나라의 법은 제의 통지를 한 나라의 법으로 한다.

제의통지를 한 곳을 알 수 없는 경우에 재산거래행위가 있은 나라의 법은 제의자의 거주지 또는 소재지가 있는 나라의 법으로 한다.

제26조 재산거래행위의 방식은 행위를 한 나라의 법에 따라 갖춘 경우에도 효력을 가진다.

제27조 우리 나라 자유경제무역지대에서 외국인투자기업설립 같은 재산관계와 관련하여서는 조선민주주의인민공화국 법을 적

용한다.

제28조 해난구조계약에 대하여서는 당사자들이 합의한 법이 없을 경우 다음과 같은 법을 적용한다.

1. 령해에서는 해당 나라의 법
2. 공해에서는 해난구조계약과 관련한 문제를 취급하는 재판소가 있는 나라의 법
3. 공해에서 국적을 달리하는 여러 선박이 구조한 경우에는 구조받는 선박에 표시한 국기 나라의 법

제29조 해상에서 공동으로 부담하는 손해에 대하여서는 당사자들이 합의하여 정한 법이 없을 경우 해당 항차가 끝나는 항구 또는 선박이 처음 도착한 항구가 속하는 나라의 법을 적용한다. 그러나 손해를 부담하여야 할 당사자들이 같은 국적을 가지고 있을 경우에는 그 나라의 법을 적용할 수 있다.

제30조 법적 의무없이 다른 당사자의 재산이나 사무를 맡아보는 행위 또는 부당리득에 대하여서는 그 원인으로 되는 행위나 사실이 있은 나라의 법을 적용한다.

제31조 위법행위에 대하여서는 위법행위가 있은 나라의 법을 적용한다.

다른 나라에서 한 행위가 조선민주주의인민공화국 법에 따라 위법행위로 되지 않을 경우에는 앞항을 적용하지 않는다. 그러나 위법행위로 될 경우에는 조선민주주의인민공화국 법이 규정한 범위에서만 책임을 지울 수 있다.

제32조 공해상에서 국적이 같은 선박들이 위법행위로 충돌한 경우에는 선박에 표시한 국기 나라의 법을 적용한다. 그러나 국적이 다른 선박들이 위법행위로 충돌한 경우에는 선박충돌과 관련한 문제를 취급하는 재판소가 있는 나라의 법을 적용한다.

제33조 채권양도에 대하여서는 양도행위가 있은 나라의 법 또는 채무자가 거주하고 있는 나라의 법을 적용한다.

제34조 채권자가 채무자의 권리를 대신하거나 취소하는 행위에 대하여서는 채권채무관계에 적용하는 준거법과 채무자가 제3

자 앞에 가지는 권리의 준거법을 같이 적용한다.

제4장 가족관계

제35조 결혼조건에 대하여서는 결혼당사자 각자의 본국법을 적용한다. 그러나 본국법에 따라 결혼조건이 인정된다고 하여도 조선민주주의인민공화국 법에 의하여 현재 존속되고 있는 결혼관계나 당사자들 사이의 혈연관계가 인정되는 것 같은 결혼장애가 있을 경우에는 결혼을 허용하지 않는다.

결혼의 방식에 대하여서는 당사자들이 결혼을 하는 나라의 법을 적용한다.

제36조 결혼의 효력에 대하여서는 부부의 본국법을 적용한다.

부부의 국적이 다른 경우에는 부부가 같이 거주하고 있는 나라의 법을 적용하며 부부의 거주지가 다른 경우에는 부부와 가장 밀접한 관계가 있는 나라의 법을 적용한다.

제37조 리혼에 대하여서는 당사자들의 본국법을 적용한다.

리혼당사자들의 국적이 다른 경우에는 그들이 같이 거주하고 있는 나라의 법을, 리혼당사자들의 거주지가 다른 경우에는 그들과 가장 밀접한 관계가 있는 나라의 법을 적용한다.

리혼의 방식은 당사자들이 리혼하는 나라의 법에 따라 갖춘 경우에도 효력을 가진다.

제38조 리혼당사자들 가운데서 한편 당사자가 우리 나라에 거주하고 있는 우리 나라 공민인 경우에는 이 법 제37조에 관계없이 조선민주주의인민공화국 법을 적용할 수 있다.

제39조 친부모, 친자녀 관계의 확정에 대하여서는 부모의 결혼관계에 관계없이 자녀의 출생당시 본국법을 적용한다.

제40조 립양과 파양에 대하여서는 양부모의 본국법을 적용한다. 그러나 양부모가 국적을 달리한 경우에는 그들이 함께 거주하고 있는 나라의 법을 적용한다.

립양과 관련하여 양자녀로 될 자의 본국법에서 양자녀로 될 자 또는 제3자의 동의나 국가기관의 승인을 립양의 조건으로 할 경우에는 해당 조건을 갖추어야 한다.

립양과 파양의 방식은 당사자들이 립양과 파양을 하는 나라의 법에 따라 갖춘 경우에도 효력을 가진다.

제41조 부모와 자녀 관계의 효력에 대하여서는 자녀의 본국법을 적용한다.

부모와 자녀가운데서 한편 당사자가 우리 나라에 거주하고 있는 우리 나라 공민인 경우에는 조선민주주의인민공화국 법을 적용한다.

제42조 후견에 대하여서는 후견을 받을 자의 본국법을 적용한다.

후견의 방식은 당사자가 후견을 하는 나라의 법에 따라 갖춘 경우에도 효력을 가진다.

제43조 우리 나라에 거주, 체류하고 있는 다른 나라 공민에게 후견인이 없을 경우에는 조선민주주의인민공화국 법에 따라 후견인을 정할 수 있다.

제44조 부양관계에 대하여서는 부양을 받을 자가 거주하고 있는 나라의 법을 적용한다.

부양을 받을 자가 거주하고 있는 나라의 법에 따라 부양받을 권리가 인정되지 않을 경우에는 그의 본국법 또는 조선민주주의인민공화국 법을 적용할 수 있다.

제45조 부동산상속에 대하여서는 상속재산이 있는 나라의 법을, 동산상속에 대하여서는 상속시키는 자의 본국법을 적용한다. 그러나 다른 나라에 거주하고 있는 우리 나라 공민의 동산상속에 대하여서는 상속시키는 자가 거주하고 있는 나라의 법을 적용한다.

다른 나라에 있는 우리 나라 공민에게 상속인이 없을 경우 상속재산은 그와 가장 밀접한 관계에 있던 당사자가 넘겨받는다.

제46조 유언과 유언취소에 대하여서는 유언자의 본국법을 적용한다.

유언과 유언취소의 방식은 조선민주주의인민공화국 법, 유언행위가 있은 나라의 법, 유언자가 거주하고 있는 나라의 법, 부동산이 있는 나라의 법에 따라 갖춘 경우에도 효력을 가진다.

제47조 다른 나라에 거주하고 있는 우리 나라 공민의 립양, 파양, 부모와 자녀관계, 후견, 유언에 대하여서는 거주하고 있는 나라의 법을 적용할 수 있다.

제 5 장 분쟁해결

제48조 대외민사관계에서 발생하는 분쟁에 대한 해결은 이 법에서 따로 규정한 것이 없을 경우 조선민주주의인민공화국 해당 법에 따른다.

제49조 재산거래와 관련하여 발생하는 분쟁에 대한 재판 또는 중재 관할은 당사자들이 합의하여 정한다.

제50조 재산거래와 관련한 분쟁에 대하여 당사자들이 재판, 중재 관할을 합의하지 않았을 때 조선민주주의인민공화국 해당 기관이 관할권을 가지는 경우는 다음과 같다.

1. 피고가 우리 나라 령역에 소재지를 가지고 있거나 거주하고 있을 경우
2. 분쟁의 원인으로 되는 재산손해가 우리나라 령역에서 발생된 경우
3. 피고의 재산 또는 청구의 대상이 우리 나라 령역에 있을 경우
4. 분쟁의 원인이 우리 나라에 등록한 부동산과 관련이 있을 경우

제51조 행위무능력자와 부분적행위능력자, 소재불명자와 사망자 인증과 관련한 분쟁에 대하여서는 우리 나라 령역에 있는 법인, 공민, 재산과 관련이 있을 경우 당사자의 국적, 거주지에 관계없이 조선민주주의인민공화국 해당 기관이 관할권을 가진다.

제52조 결혼과 관련한 분쟁, 리혼에 대하여서는 소송제기 당시 피고가 우리 나라에 거주하고 있거나 원고가 우리 나라에 거주하고 있는 우리 나라 공민인 경우 조선민주주의인민공화국 해당 기관이 관할권을 가진다.

제53조 부부의 재산관계와 관련한 분쟁에 대하여서는 당사자들이 우리 나라에 거주하고 있거나 원고 또는 피고가 우리 나라에 거주하고 있으면서 그 재산이 우리 나라 령역에 있을 경우 조선민주주의인민공화국 해당 기관이 관할권을 가진다.

제54조 립양, 파양, 부모와 자녀 관계, 후견, 부양 관계와 관련한 분쟁에 대하여서는 당사자들이 우리 나라에 거주하고 있을 경우에만 조선민주주의인민공화국 해당 기관이 관할권을 가진다.

제55조 상속과 관련한 분쟁에 대하여서는 상속인이 우리 나라에 거주하고 있는 우리 나라 공민이거나 상속재산이 우리 나라 령역에 있을 경우에 상속인의 국적, 거주지에 관계없이 조선민주주의인민공화국 해당 기관이 관할권을 가진다.

제56조 다음과 같은 경우에는 당사자의 요구에 관계없이 재판 또는 중재를 거부하거나 중지한다.

1. 이 법에 따라 해당 분쟁에 대한 관할권이 인정되지 않을 경우
2. 다른 나라에서 동일한 내용의 분쟁에 대하여 재판 또는 중재를 먼저 시작한 경우
3. 당사자들이 분쟁해결을 중지할데 대하여 합의한 경우
4. 조선민주주의인민공화국 법에 따르는 정당한 사유가 있을 경우

제57조 다른 나라 령역에서 증거의 수집, 증인심문 같은 분쟁해결의 수속 또는 다른 나라의 해당 기관이 내린 판결, 재결의 인정, 집행과 관련하여서는 조선민주주의인민공화국 해당 기관이 다른 나라 해당 기관에 필요한 자료를 요구할 수 있다.

제58조 다른 나라에서 조선민주주의인민공화국 해당 기관에 제공한 증인심문조서, 증거물 같은 것은 해당 나라 공증기관의

공증을 받아야 분쟁해결의 증거로 리용할 수 있다.

제59조 다른 나라 해당 기관의 판결은 그것을 서로 인정할 데 대한 국가적 합의가 있은 경우에만 인정한다. 그러나 가족관계와 관련한 다른 나라 해당 기관 판결집행의 당사자로 되는 우리 나라 공민이 그 집행을 요구하거나 동의할 경우에는 다른 나라에서 내린 판결을 인정할 수 있다.

제60조 다음과 같은 경우에는 다른 나라의 해당 기관이 내린 판결, 재결에 대하여 인정하지 않는다.

1. 판결, 재결의 내용이 조선민주주의인민공화국 법률제도의 기본원칙에 어긋나는 경우
2. 판결, 재결이 조선민주주의인민공화국 해당 기관의 관할에 속하는 분쟁과 관련이 있을 경우
3. 판결, 재결이 조선민주주의인민공화국 해당 기관의 판결, 재결과 관련이 있을 경우
4. 판결, 재결이 우리 나라에서 이미 인정한 제3국의 판결, 재결과 동일한 내용인 경우
5. 판결, 재결이 정당한 사유가 없이 당사자를 참가시키지 않고 내려진 경우
6. 조선민주주의인민공화국 법에 따르는 정당한 사유가 있을 경우

제61조 이 법 제59조, 제60조의 규정은 다른 나라 해당 기관이 내린 판결, 재결의 집행에도 적용한다.

제62조 다른 나라의 해당 기관이 내린 판결, 재결의 집행에 대하여 우리 나라 령역에 있는 당사자가 리해관계를 가질 경우 판결, 재결이 확정된 때부터 3개월 안으로 조선민주주의인민공화국 해당 기관에 의견을 제기할 수 있다.

임성권(任成權)

서울대학교(법학사)/법학과
서울대학교(법학석사)/민법학
서울대학교(법학박사과정수료)/민법학
1991.9.-1997.2. 서원대학교 법학과 조교수
사법시험위원, 외무고시위원, 행정고시위원 등 역임.
1997.3.-현재 인하대학교 법과대학 부교수
2004.3-현재 인천소비자연맹 회장
2005.1-현재 인천지방법원 민사조정위원

〈전공〉
민법(재산법), 국제사법

〈주요논문〉
동시이행관계에 있는 급부의 청구, 비교사법 제6권 2호
동시이행관계와 이행지체에 관한 판례평석, 인하대학교 법학연구 제1집
동시이행급부의 기초적 연구, 비교사법 제6권 1호
민법개정안의 법정지상권 규정에 관한 연구, 아세아여성법학 5호
상속의 한정승인에 관한 연구, 가족법연구 15권2호

남북한 사이의 사법적 법률관계

2007년 5월 25일 초판1쇄발행
2007년 6월 25일 초판2쇄발행

著 者 任 成 權
發行人 高 晙 英
發行處 法 英 社

135-280
서울특별시 강남구 대치동 611
전화 (501)8898(대) FAX (501)8895
등록 1987. 11. 5 제3-125호(윤)
Site : www.bubyoungsa.co.kr
E-mail : bypuco@chol.com

破本은 바꿔드립니다. 정가 **15,000**원

ISBN 978-89-7032-232-2 93360